# FOREX
# PARA PRINCIPIANTES

Aprende a ganar dinero con FOREX

Por Isabel Nogales Naharro

1ª Edición 2015

# FOREX PARA PRINCIPIANTES

APRENDE A GANAR
DINERO CON FOREX

## ISABEL NOGALES

"FOREX PARA PRINCIPIANTES" está comercializado tanto en versión impresa como digital. Lo encontrará en grandes librerías internacionales y canales expandidos de distribución. Si deseas más información sobre el tema puedes encontrarla en la web monográfica de FOREX www.comercialforex.com.es o en la web oficial de la autora www.isabelnogales.net

# FOREX
# PARA PRINCIPIANTES

Aprende a ganar dinero con FOREX

Por Isabel Nogales Naharro

1ª Edición 2015

Formato impreso 1ª Edición 2015 Amazon Media EU S.à r.l.

ISBN-13: 978-1508756460  ISBN-10: 1508756465

Web de autor:  http://www.isabelnogales.net

Web monográfica http://www.comercialforex.com.es

A mi familia y mi pareja, que entendieron que precisaba tiempo y espacio para que esta obra viera la luz y pudiera ser elaborada, maquetada, editada y publicada…

Gracias por entender que también se crece cuando se invierte tiempo de uno mismo para ayudar a otros en su camino. Gracias por vuestro apoyo y vuestra paciencia.

A mis amigos , grupo de soporte y seguidores. Gracias por estar siempre ahí y hacer que el esfuerzo de escribir este libro merezca la pena.

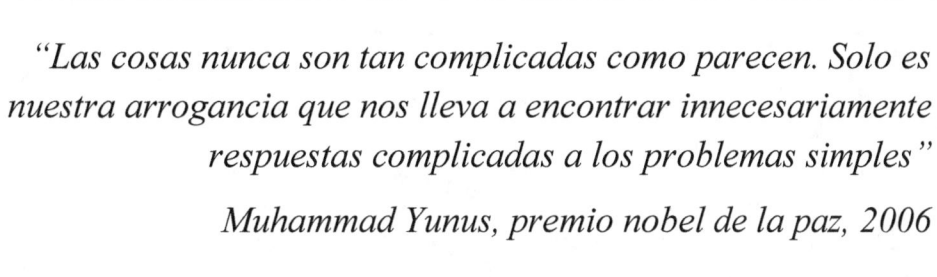

*"Las cosas nunca son tan complicadas como parecen. Solo es nuestra arrogancia que nos lleva a encontrar innecesariamente respuestas complicadas a los problemas simples"*

*Muhammad Yunus, premio nobel de la paz, 2006*

## Agradecimientos

Siempre resulta difícil agradecer públicamente a aquellas personas que han colaborado con un proceso, con una creación, con un éxito, por cuanto nunca alcanza el tiempo, el papel o la memoria para mencionar y dar, con justicia, todos los créditos y méritos a quienes se lo merecen.

Partiendo de esa limitación y diciendo de antemano MUCHAS GRACIAS a todas las personas que de una u otra forma han participado en este libro que marca, a mi criterio, una diferencia en la   construcción de herramientas metodológicas para el desarrollo de técnicas, habilidades  y destrezas para batir el mercado de capitales, así como servirá de ayuda para  la elaboración de conductas  y aptitudes que nos lleven al enriquecimiento  financiero consiguiendo rentabilidad mes tras mes.

Espero que este libro y sus productos sean un motivo de orgullo personal para todos y todas ustedes, como lo es para mí.

**FOREX PARA PRINCIPIANTES**

Cuerpo de concepción teórica

**Índice de contenidos**

**Continúa con segundo libro de la serie:**

**FOREX AL ALCANCE DE TODOS**

**VOLUMEN II**

Cuerpo de concepción técnica

**Índice de Contenidos**

## Acerca de la autora

ISABEL NOGALES

Isabel Nogales comenzó su andadura como asesor financiero a través de un portal de inversión especializado en temas de economía, mercados financieros, oportunidades de inversión y productos bancarios.

Su primer contacto con el mercado de divisas, más conocido por el acrónimo FOREX (Foreign Exchange Market) resultó tomando participación en un conocido fondo de inversión malogrado que agrupaba los pequeños ahorros de multitud de personas en un fondo colectivo con el fin de generar el volumen de una gran cuenta que les permitiera especular con ciertas garantías en el mercado de capitales, obteniendo increíbles rentabilidades mes tras mes....que por supuesto revertían en los inversores.

Este fondo resultó ser un auténtico fraude bien orquestado en base a un sistema que seguía un esquema de tipo Ponzi[1] unido a una distribución comercializadora piramidal, estafa que consiste en un proceso en el que las ganancias que obtienen los primeros inversionistas son generadas gracias al

---

[1] El esquema epónimo fue orquestado por Carlo Ponzi, quien en 1920 pasó del anonimato a ser un notable millonario de Boston en seis meses valiéndose de esta trama. Se suponía que los ingresos provenían del intercambio de Cupones de respuesta internacional. El prometía el 50% de interés (retorno) en inversiones de 45 días o "duplica tu dinero" en 90 días. Alrededor de 40,000 personas invirtieron cerca de 15 millones de dólares en total; al final, sólo un tercio de ese dinero les fue regresado.

dinero aportado por ellos mismos o por otros nuevos inversores que caen engañados por las promesas de obtener, en algunos casos, grandes beneficios. El sistema funciona solamente si crece la cantidad de nuevas víctimas. El crecimiento debe mantenerse de forma exponencial para que el sistema no se colapse.

A pesar de tan mala fortuna, este despropósito le permitió conocer un mercado de inversión, que ahora goza de gran popularidad: el FOREX, o "Spot" en el argot profesional., disciplina que poco a poco se convertiría en su pasión, su desarrollo profesional y su modo de vida.

Tras dicho aprendizaje a base de más de un error que bien le costó un descalabro económico, tomó la sabia decisión de no poner en manos de terceros su dinero y responsabilizarse del mismo, aprendiendo de sus propios errores y capacitándose profundamente en la labor de convertirse en trader profesional, labor que continua realizando hasta el día de hoy.

Trayectoria en el mercado de capitales:

2007 -Promotora independiente en el sector de capital de riesgo y patrimonio privado a través de fondos colectivos en empresas offshore.

2008-2011 Gestión de comercialforex, portal que agrupa recursos educativos en finanzas, mercados financieros, productos bancarios y economía domestica.

2009 -I.B. (Introducing Bróker) asociado con corredoras bursátiles y Agente Intermediario en instrumentos bancarios en Programas de Alto Rendimiento PPP.

2011 Maestría Postgrado en Gestión Financiera y Bolsa. EFEM.

2012 Dirección y producción programas de radio: "Hablemos de FOREX" y "Educación financiera para Gente corriente".

Desde 2012

Optimización y con Expert Advisors y Operativa basado en estrategias de inversión como Scalper asiático, Apertura de los principales mercados, Rotura de canales, operativa con MACD histograma y convergencias-divergencias.

Gestión cuentas en opciones binarias.

Day-trader FOREX retail de sistemas basados en acción del precio, volúmenes, correlaciones, divergencias y convergencias, indicadores.

Estudios académicos:

Máster Gestión Financiera y Bolsa  por Escuela de formación empresarial EFEM

Curso avanzado profesional FOREX por J.G.

Grado de Psicología U.N.E.D (actualmente)

D.U.E.  por Universidad Complutense de Madrid

Recientemente comprometida a la labor de facilitar el aprendizaje acerca del apasionante mundo del FOREX a aquellos que deseen seguir el mismo camino que yo emprendí hace ya más de siete años.

Compromiso que nace con la publicación de su trabajo "FOREX al alcance de todos" en 2014 y continuará a través de su web www.comercialforex.com.es y siguientes títulos

Webs y Blogs:

www.isabelnogales.net

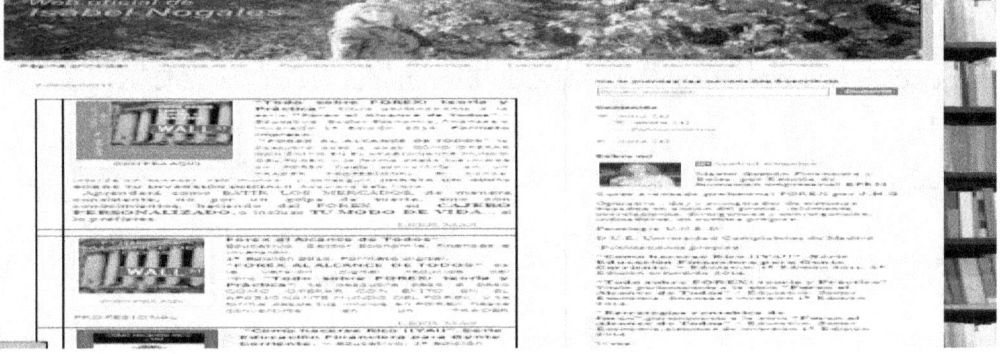

www.comercialforex.com.es
Blog  http://forexalalcancedetodos.blogspot.com.es

Blog http://comercialforex1.blogspot.com.es

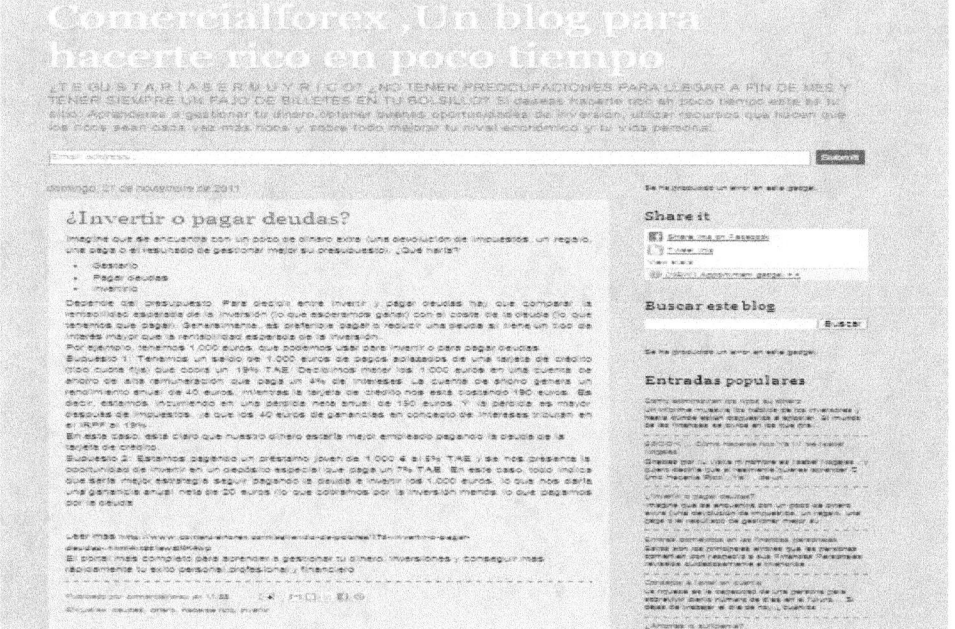

Blog http://comohacersericoya1.blogspot.com.es

Publicaciones:

> **Narrativa:**

**"Las Aventuras de Mary Elizabeth Walnuts"** 1ª Edición 1987.

**"Patty, un Amor Frustrado"-** 1ª Edición 1997.

**"Pandora"** – Narrativa. Novela. 1ª Edición 2004.

**"Corazones grandes…Pies pequeños".** Relato corto + guía clínica Cardiopatías 1ª Edición 2014.

> **Psicología:**

**"Quiero vivir"-** Psicología. Edición 2011.

**"Descubre el Tigre que hay en ti"** Crecimiento Personal. Edición 2012.

**"Supera tus miedos"-** Crecimiento Personal. Edición 2012.

> **Economía e inversiones:**

**"Como hacerse Rico ¡¡YA!!".** 1ª Edición 2011.2ª Edición 2014. 3º Edición 2015. Serie Educación Financiera para Gente Corriente

**"FOREX al alcance de Todos"- Volumen I.** Educativo. Finanzas 1ª Edición 2015

**"FOREX al alcance de Todos"- Volumen II.** Educativo. Finanzas 1ª Edición 2015

**"FOREX para principiantes"-.** Educativo. Finanzas 1ª Edición 2015

> **Próximos títulos**
> **"FOREX al alcance de Todos"- Volumen III.** Educativo. Finanzas 1ª Edición 2015

> **"Estrategias rentables de FOREX"-** Educativo. Finanzas e inversión 1ª Edición 2015

**"Todo sobre FOREX: teoría y Práctica".** Compendio perteneciente a la serie "FOREX al alcance de todos". Educativo. Sector Economía, finanzas e inversión 1ª Edición 2015.

# Prólogo

"**FOREX PARA PRINCIPIANTES**" pretende ser una herramienta de aprendizaje incluso para aquel novato que por primera vez se acerca al mercado y que ni siquiera ha oído hablar de mercado de capitales, divisas, "toros" ni "osos"... pero pretende hacer dinero operando en los mercados.

Es por ello que la portada de este libro presenta la imagen de los graficos, las plataformas , el dinero y dos dados, uno que indica compra y el otro venta... dado que es lo que el público en general asocia con los mercados financieros (incluidos el mercado de capitales)... aunque en su vida haya oído hablar de FOREX.

El mercado de divisas es un mercado extrabursátil (over the counter: OTC) lo cual significa que no hay una bolsa central y una cámara de compensación donde las órdenes sean negociadas. Los corredores de

FOREX y creadores de mercado de todo el mundo son conectados las 24 horas del día mediante teléfono, computadora y fax, creando un mercado cohesivo. FOREX no dispone de ubicación física centralizada, sin embargo todos, en general, cuando hablamos de especular financieramente con productos bursátiles o mercado de capitales, se nos viene a la mente alguna imagen de la conocida calle y el edificio de la bolsa de Nueva York.

Te explicaré en que consiste y de donde viene el mercado de divisas, como ganar dinero con él desde tu propia casa, las rentabilidades que puedes esperar conseguir operando en FOREX . Por supuesto también te enseñaré cómo hacerlo.


Todo a su tiempo.



Pues debes saber que...

APRENDIENDO

TODO SE PUEDE CONSEGUIR

Y  TAMBIÉN TÚ PUEDES

GANAR DINERO CON FOREX

Y

¡¡CONVERTIRTE

EN UN TRADER EXITOSO!!

Sólo una cosa más.

En los orígenes del proyecto de elaboración de este libro se encontraba la intención de crear el más completo sistema de aprendizaje en FOREX que permitiera la capacitación del trader desde los orígenes hasta el nivel profesionalizado con el desarrollo de trading avanzado.

Lamentablemente el campo a desarrollar con tal fin resulta tan extenso que me he visto obligada a tener que realizar varios títulos, desde el más sencillo al más complejo, antes que tener que recortar el conocimiento que en él he vertido.

FOREX PARA PRINCIPIANTES acerca al lector al mercado de divisas, de forma sencilla y divertida

Tras leer este título , si deseas seguir aprendiendo esta apasionante profesión tan lucrativa , te aconsejo continuar la lectura de estos dos volúmenes:

-"**FOREX al alcance de todos**" -**volumen II.**-Donde encontrarás toda la información técnica y de gestión.

 -"**FOREX al alcance de todos**" -**volumen III.**-Donde adquirirás toda la habilidad y destreza práctica del desarrollo operativo del trader.

Estos volúmenes juntos integran las herramientas necesarias para capacitarte con un trader exitoso en el mercado de capitales.

La versión impresa **"Todo sobre FOREX: Teoría y Práctica"** no sólo reunifica el conocimiento de los tres volúmenes digitales desarrollados en "FOREX al alcance de todos" sino que va más allá, incrementando el cuerpo de estudio con sistemas probados de trading, estrategias de inversión, planificación financiera, etc. Y por supuesto supone una introducción completa al trading avanzado.

FOREX al alcance de todos

Isabel Nogales

TODO SOBRE FOREX TEORIA Y PRACTICA

WALL ST

El manual mas completo del mercado para OPERAR en FOREX y conseguir rentabilidad ¡MES A MES !!!

Descubra cómo usted también puede ¡¡ GANAR UN 400% ANUAL !!

Si estás dispuesto  empezamos….

**Vivir del Trading es posible**

*"Esta profesión es como un maratón, una suma consecutiva de conocimiento y práctica, y en su desarrollo se crece como persona; cambia tu forma de ser, como también lo hace tu forma de ver el mundo. Pero ningún gran boxeador de la historia ha llegado a ser lo que es sin recibir golpes. La mente es lo que hace la diferencia, siempre y en todo".*

[i].*Vilena, R*

# Capítulo 1

## 1.1- ¿Es posible vivir del forex?

---

*"Aprender un nuevo enfoque es colocar cada idea o cada conocimiento en su sitio"*

*"Beltrán Llera, J.*

---

Sí, sin ninguna duda. Pero ¿Cuál es la clave para conseguir la consistencia y alejarse de esa mayoría que es expulsada de los mercados?

Ser rentable en FOREX es muy sencillo, de hecho es mucho más sencillo que prepararse para vivir del FOREX a largo plazo. Lo difícil es mantener las ganancias de forma consistente ya que para ello debemos tener la mentalidad adecuada a la hora de operar y eso ya es más complicado de conseguir, pues depende de uno mismo.

Puede que te parezca que te hablo en un idioma ininteligible cuando enumere las reglas adecuadas para ser rentable en FOREX, especialmente si eres amateur y aún no dominas la jerga coloquial; tranquilo si no entiendes nada pues cuando termines este libro sabrás mucho más de los que otros tardan años en aprender por su cuenta.

EMPECEMOS

· · ·

Para ser rentable en este mercado sólo necesitas

- ✓ Ejecutar con disciplina una estrategia de trading con una probabilidad de acierto mayor al 50%.

- ✓ Esperanza matemática de la estrategia> 0,5%.

- ✓ Manejo del riesgo en proporción de ratio riesgo/beneficio de 1:2 o superior.

- ✓ Gestión de capital < 2% en cada operación. Máximo de 5% del capital en el total de las operaciones abiertas.

- ✓ Drawdown del sistema por debajo del 30%. Mejor cuanto más bajo.

- ✓ Fundamental: ajustarnos férreamente a nuestro plan de trading y tener control emocional para no salirnos antes de tiempo por miedo codicia, avaricia o desconfianza en el sistema. O para entrar sin vacilar cuando el sistema nos lo indique.

Además pondrás la probabilidad de tu parte si acostumbras a operar a favor

de la tendencia principal y no contra ella. Ya que contrariamente a lo que suele pensarse, en el caso del par EUR/USD por ejemplo, el más activo en FOREX, si analizamos el gráfico mensual del período 2000-2012, centrándonos únicamente en las fases tendenciales (excluimos las que el precio se mueve en

un rango entre tendencias), encontramos que el 65% de los meses se ha movido a favor de la tendencia, el 24% se ha consolidado y sólo el 11% se ha movido en contra de la tendencia.

Con todas estas indicaciones  parece sencillo entonces ser rentable ¿Verdad?

Cualquier estrategia, por muy rentable que resulte durante un tiempo determinado, si no consigue adaptarse a la siempre variable  condición del mercado, simplemente dejará de funcionar en un momento dado.

Por otra parte se requiere de  entrenamiento para poner todos estos factores a trabajar en equilibrio y conjuntamente, sin obviar ninguno, y es esa la dificultad y el motivo por el que muchos operadores no son consistentes en el tiempo y fracasan.

Técnicamente es posible vivir del trading como salida laboral. De hecho es el modo de vida  de muchos operadores que hacen del trading su día a día. Llegar al nivel de vivir del trading  y generar un ingreso de manera estable sólo se consigue capacitándote para ello; paciencia para dominar la teoría y destreza para adquirir las habilidades necesarias.

Pero hay un factor muy importante y es en el que falla el sistema y donde entra cerca del 90% de los que no alcanzan esa consistencia buscada que solo depende de cada persona: nuestro sistema emocional.

Te explico: ¿Deseo tanto vivir del trading como para ir hasta el final y hacer los sacrificios que haya que hacer? ¿Estoy dispuesta? pues  hay gente que habla mucho de lo que desea pero no está dispuesta a sacrificarse hasta el final. Estos lo intentan un poco y a la primera dificultad abandonan, y se convencen de que "no se puede". Desgraciadamente esto forma casi el 90% de las personas que fracasan.

Si lo que quieres saber es si puedes hacerte rico y vivir a "cuerpo de rey" de las ganancias derivadas del FOREX, sin apenas esfuerzo, y en poco tiempo... entonces debemos empezar a mirar que es posible y que es imposible.

Podemos llegar a hacer del trading nuestro modo de vida, pero no hacernos ricos de la noche a la mañana, es importante ver la diferencia, y menos aun obtener la independencia financiera total, seremos nuestros jefes, con nuestros horarios, con nuestras ganancias y pérdidas sin tener que depender de nadie, así que en cierta forma si somos independientes.

Con el tiempo, posteriormente y siempre que tengas un equilibrio en el resto de los factores de los que dependen tu vida, si que puedes llegar a amasar una fortuna operando en el FOREX, pero eso ya no sólo depende de la operativa, sino de ti mismo y de tu modo de desarrollarte en la vida.

¿Se puede obtener independencia financiera operando una micro-cuenta de 500 €? No lo creo, la verdad. Quizás utilizando mucho apalancamiento y arriesgando demasiado en cada operación con tiempo llegarás a algo, pero no rápidamente.

También podrías hacerte con una buen pellizco, de la noche a la mañana, eso sí, arriesgando mucho porcentaje de tu capital en cada operación. Si sale bien: ¡¡Genial! ¡Dinerito fresco en tu bolsillo! , pero es posible que un una racha perdedora lleve tu cuenta a cero rápidamente y no puedas seguir operando por una llamada de tu bróker o el cierre de tu operativa por llegar a "margin call".

Debes tener cuidado con eso, pues lo que te interesa es tener siempre algo de capital disponible para poder seguir en el mercado realizando operaciones e ir acumulando más ganancias y no jugártelo todo a una sola carta y perderlo. Tranquilo, profundizaremos sobre ello en la sección de gestión monetaria y te enseñaré como proteger tu capital haciendo un adecuado manejo de capital y gestión del riesgo.

Si para ti el concepto de "vivir del trading" supone generar unos ingresos superiores a 2000 € con regularidad mensual requerirás de un capital inicial en torno a unos 40 ó 50.000 €, así bastará con que negocies algunos lotes y consigas un discreto 4% mensual.Menos que eso sería arriesgar demasiado para conseguir los objetivos planteados y no es muy aconsejable.


Debes entender que en el FOREX no existe la rentabilidad fija, tienes que hacerte a la idea que también tendrás operaciones perdedoras, por tanto habrá meses que consigas mayor porcentaje de retorno sobre la inversión inicial que el esperado y otros que por el contrario, puedas tener incluso pérdidas que restan de tu cuenta. Lo que importa es que la suma de todas tus operaciones concluya con un balance positivo a medio o largo plazo.


Estarás de acuerdo conmigo que para ser rentable primero debes convertirte en un excelente analista del mercado y posteriormente capacitarte en la práctica como un buen operador o, como mínimo, adherirte férreamente a un sistema de trading ganador a la hora de operar el mercado.


Con esto no quiero decir que sea imposible hacer del trading nuestro modo de vida, ni mucho menos, lo que quiero advertir es que es una profesión quizás extremadamente compleja dentro de la aparente simplicidad que nos dan los medios o las noticias cuando vemos a alguien que vive de los mercados.

Ahora HAGAMOS NÚMEROS, así nos haremos una idea si esto del trading es rentable o no, especialmente cuando se opera en una cuenta pequeña.

Partimos de la base que tú operas la apertura de Londres con un sistema probado que te da un 70% de probabilidades a tu favor (eso significa tu acertarás 70 de cada 100 trades  mientras que 40 serán  perdidas que te restan, debes contar con ello), como eres inteligente pones más aún la balanza tu favor  haciendo una relación de riesgo beneficio de 1:2, de forma que cuando aciertas  ganas el doble que cuando pierdes y el sistema a la larga te resulta altamente atractivo.

Este sistema te da entrada en al menos dos o tres pares principales cada día. Entras a operar con 0.1 mini-lote[2] cada trade,  lo cual significa que cada pip que se mueve a tu favor es un dólar para tu bolsillo, siendo tu  rango de pips[3] ganados al día  en torno a 20. (En total  60 pips al día -si aciertas en tu trade y lo harás una media de 70 de cada 100).

En total  consigues  unos 60 $ al día: unos 900 $ al mes aproximadamente, eso supondría casi un retorno del 90% sobre el capital el primer mes, y al año ¡¡Imagínate!! .

Es viable y como ves posible ganar más de un 400% anual con FOREX, eso sí, de ahí debemos descontar el coste de nuestras  posiciones perdedoras,

---

[2] En FOREX se opera en lotes. El tamaño estándar de un lote es $100,000. También existen los mini-lotes que son de $10,000. Un micro-lote es un centésimo de un lote estándar, o 1.000 unidades de una divisa.

[3] Un pip es el último decimal en la cotización. Es a través de los pips que se calcularán las ganancias y las pérdidas. Como cada divisa tiene su propio valor, es necesario calcular el valor de un pip para cada divisa en particular. En UDS para 0.1 mini lote el valor de cada pip es de 1$ aproximadamente.

nuestro errores y las comisiones de las corredoras entre otras... pues no olvidemos que esto no es más que un negocio y tenemos que asumir los costos del proceso .

Eso es la teoría donde todo es perfecto, en la práctica nuestro ego y nuestras emociones son mayores que nuestra inteligencia racional y nos juegan malas pasadas, haciendo que no cumplamos las reglas del trade en perjuicio nuestro, entre otras. (Veremos de forma más detallada que es lo que nos hace perder y como ponerle solución o al menos convivir en ello y aprender a controlarlo).

Siendo conservadora, digamos que en lugar de un 90% mensual pudiéramos generar al menos una rentabilidad cercana al 5% cada mes. Es algo viable y no muy pretencioso ¿No?

Si comenzamos a operar con un capital inicial 1000 €. (Ganar 50 euros de una cuenta de 1.000€ no suena mucho, pero en realidad acabas de aumentar tu capital al 5%. Eso es mucho más de lo que algunos bancos pagan en un año por los depósitos).

Según la tabla que hemos confeccionado el primer mes añades a tu monto inicial 50 Euros más y así sucesivamente según la rentabilidad que generes.

Por otra parte a medida que tu capital crece vas incrementando el porcentaje de capital negociado, con el que entras en cada operación en el mercado. Siendo la rentabilidad la misma, a mayor capital inicial invertido, mayores ganancias.

Teniendo en cuenta la fórmula del interés compuesto

> **Fórmula** **Monto de capital más intereses, calculados como interés compuesto**
>
> $$M = C(1+i)^n$$

Así quedaría tu cuenta tras 5 meses (aplicando redondeo para facilitar el cálculo)

| Mes | Capital inicial en € | Interés conseguido | Ganancia | Monto final |
|-----|---------------------|--------------------|----------|-------------|
| 1 | 1000 | 5% | 50 | 1050 |
| 2 | 1050 | 5% | 52 | 1102 |
| 3 | 1102 | 2% | 22 | 1124 |
| 4 | 1124 | 10% | 112 | 1236 |
| 5 | 1236 | -2% | -24 | 1212 |

La cuenta iría creciendo mes a mes. En 5 meses habríamos ganado 212 € que es un retorno sobre la inversión inicial (R.O.I.)[4] de más del 20%!!

---

[4] R.O.I. El retorno sobre la inversión (RSI o ROI, por sus siglas en inglés) es una razón financiera que compara el beneficio o la utilidad obtenida en relación a la inversión realizada, es decir, «representa una herramienta para analizar el rendimiento que la empresa tiene desde el punto de vista financiero».

Para su cálculo, en el numerador se pueden admitir diferentes definiciones de beneficios, como por ejemplo el beneficio neto después de impuestos, el BAI (antes de impuestos) o el BAII (antes de intereses e impuestos), mientras que en el denominador se debe indicar los medios para obtener dicho beneficio.

Ahora veamos que ocurre si hubieras operado con un capital inicial mayor, digamos de 5000 €. El porcentaje de interés es el mismo mes tras mes, pero el capital es sustancialmente mayor ya que en 5 meses habrás obtenido 1055 €.

Ahora imagina que ya eres rentable en el tiempo y te has acostumbrado a operar cada vez con cantidades mayores. Suponte que gestionas una cuenta de 20.000 € en las mismas condiciones expuestas anteriormente.

En 5 meses habrías obtenido 3.560 €, el 6° mes acumulas 4738$ más, el 7° casi 6000 €, y con un crecimiento exponencial de la cuenta debido a la magia del interés compuesto que podría llegar a los 70000 € en no tanto tiempo.

¿Y que pasaría si ya hubieras aprendido a operar semiprofesionalmente y gestionaras una cuenta de terceros por un valor de 1.000.000 € de la que lleves una comisión del 30% sobre las ganancias? Sería justo pues si ellos no ganan con tu operativa ese mes, tú no recibes nada. Si ellos ganan, tú ganas.

La operativa seria la misma que con tu cuenta de 1000 €, pero evidentemente las ganancias son sustancialmente mayores.

| Mes | Capital inicial en € | Interés conseguido | Ganancia | Monto final | Tu comisión |
|---|---|---|---|---|---|
| 1 | 1.000.000 | 5% | 50.000 | 1.050.000 | 15.000 |
| 2 | 1.050.000 | 5% | 52.500 | 1.102.500 | 15.750 |
| 3 | 1.102.500 | 2% | 22.050 | 1.124.550 | 6.615 |
| 4 | 1.124.550 | 10% | 112.455 | 1.237.005 | 33.736 |
| 5 | 1.237.005 | -2% | -24.740 | 1.212265 | 0 |

¿Cómo lo ves? Sólo en tu primer mes habrías ganado 15000 €. ¡¡En 5 meses más 315.000 euros!! Y eso es sólo empezar.

Créeme, una vez que aprendes a operar y seas rentable en el tiempo, es muy probable que la gente haga cola para que les gestiones su dinero, pues tú tienes el conocimiento para hacerlo y ellos no, por tanto es mucho más habitual de lo que imaginas no sólo gestionar tus cuentas, sino las de otros. Por otra parte como trader también puedes añadir aún más ingresos que los que genera tu propia operativa, bien en base a comisiones por gestionar cuentas de terceros, como por introducir clientes en un determinado bróker (I.B.), trabajar como afiliado distribuyendo productos de una determinada empresa o bien por negociaciones directas con la corredora, entre otras.

Te explico:

El FOREX no deja de ser un negocio creado por una serie de empresas a las que puede interesarle repartir una ínfima parte del pastel de sus ganancias entre los que le facilitan generar beneficios.

Por tanto tú, como gestor de cuentas no sólo recibirás el porcentaje directo de comisión sobre las ganancias que has generado a tus clientes (ese 30% en este caso), si operes en una cuenta de tipo conjunta (PAMM[5] ) sino que además podrás negociar con la casa bróker cobrar en tu cuenta una

---

[5]PAMM (Percentage Allocation Management Module. Una cuenta PAMM es una forma de gestión confiable en que el agente realiza el registro de acciones, garantiza la igualdad de derechos de todos los operadores y permite a los usuarios del sistema retirar su participación del proyecto. Al final de un periodo de negociación, la ganancia obtenida en la cuenta PAMM se distribuye entre los inversionistas de la cuenta. Un operador PAMM recibe la comisión estipulada en el acuerdo, que es un porcentaje de la ganancia global en esta cuenta en particular.

proporción del spread[6] comisionado al cliente en cada operación de las cuentas segregadas a tu cuenta PAMM. Esto también se aplica si operas como proveedor de Señales[7] , es decir, por cada operación que emitas en la cuenta a la que estén vinculadas las cuentas de tus clientes que duplicarán tu operativa en las suyas, independientemente de que resulten ganadoras o no, obtendrías tu porcentaje de comisión sobre el spread-. Comisiones que pueden variar desde un 0,01 a 1 pip o superior- Esto traducido en dinero puede ser desde 1 céntimo de dólar por operación en una operativa de micro-lote a 10 dólares en una operativa de lotes completo. Lo cual a fin de mes, si eres un trader muy activo, también es una cantidad a tener en cuenta.

Por cierto: ¡¡Ten cuidado con los operadores de señales, gestores de cuentas o sistemas automatizados que abren multitud de operaciones en poco tiempo!! Cuanto más te expones al mercado más riesgos de perder corres y tu negociado está sujeto a más gastos y comisiones por parte de las corredoras; Probablemente a ellos les dé igual si ganes o pierdes, ya que ellos sacaran comisión igualmente a través de la casa bróker en la que operes. Sobre este tema ya hablaremos con más profundidad a lo largo del libro.

Otra forma de ganar dinero y "vivir del FOREX" es con la comercialización de productos educativos relacionados con el mercado de capitales.

---

[6] **Spread** es la diferencia entre el precio de compra y el de venta de un activo financiero. Es una especie de margen que se utiliza para medir la liquidez del mercado. Generalmente márgenes más estrechos representan un nivel de liquidez más alto.

[7] **Señales FOREX** o trade signals en inglés, son alertas que reciben los traders del mercado FOREX. Nos indican la oportunidad de compra u oportunidad de venta, basados en algún sistema o método. Las señales FOREX también pueden transmitir recomendaciones y noticias relacionadas con el mercado FOREX.

No olvidemos que muchos operadores disfrutan enseñando a los neófitos lo aprendido, pues ello no sólo les reporta beneficios económicos a través de cursos, entrenamientos, conferencias, etc. sino que además les permite desarrollarse a nivel profesional creando una carrera comercial alternativa que les produce regalías en forma de ingresos y royalties, negocio claro dado que además aprender a operar en los mercados está de moda.

Y aquí caben evidentemente las preguntas que tienes en mente:

- ¿Acaso quien realmente es rentable y gana mucho dinero en los mercados necesita dar cursos?

- ¿Todos los que imparten cursos deben tener un gran capital derivado de su operativa para demostrar su valía? ¿Bastará con que hayan demostrado tener un gran retorno sobre la inversión inicial mes tras mes aunque su capital inicial sea ínfimo y vivan en la miseria?

- ¿No será que quien da cursos es un vendedor de humos que no ha conseguido la consistencia en los mercados y pretende dárselas de experto cuando no lo es ya que no ha alcanzado el éxito?

Bueno, la respuesta es realmente sencilla: ¡¡Hay de todo en la viña del Señor!!

Profundicemos en ello.

Al menos se distinguen tres grandes grupos:

1- Aquellos que no lo necesitan, pero les agrada hacerlo.

Son personas que teniendo éxito en los mercados financieros les guste ayudar simplemente por la satisfacción que les produce, por dejar su legado a otros, pero siendo conscientes del valor de su tiempo no deseen hacerlo gratuitamente, pues tiempo que dedican a guiar al otro es dinero que no ganan al no operar en los mercados.

2- Aquellos que son expertos analistas, pero no tienen la aptitud mental adecuada para ejercer una operativa consistente en el tiempo.

Estos pueden ser expertos en la teoría, pero su personalidad, carácter o simplemente el miedo a perder les dificulta convertirse en un trader consistente, y por tanto desarrollan su pasión en el campo educativo, en general con reconocimiento y con bastante éxito, pues están perfectamente capacitados para ello.

3- Aquellos que ven la oportunidad de un nicho de mercado por explotar y ni siendo lo uno ni lo otro incursionan en él ofreciendo productos cuya venta les produce una alta rentabilidad.

Evidentemente es de estos últimos de los que debes huir como la lepra, pues probablemente no saben de lo que explican más de lo que tú sepas.

Ahora analizado todo esto, respóndeme sinceramente:

¿Piensas que con un trabajo normal como el que llevas ahora tendrías esta oportunidad al alcance de tu mano?, ¿Merece la pena el esfuerzo para aprender de manera correcta a operar en los mercados aunque nos lleve tiempo y sacrificio?, ¿Podrías vivir con un salario de unos 5000 € al mes o superior al cabo de unos pocos años y una cuenta con muchos ceros en el banco o te parece suficientemente poco?

Te costará un poco de tiempo y esfuerzo capacitarte para aprender a operar y ser rentable, no te digo que sea fácil, pero ¿acaso no merece la pena si puedes llegar a obtener, la ansiada libertad financiera, o al menos retornos sobre la inversión del orden del 100% ,400% o 1000% al cabo de unos pocos meses o años?

Yo sinceramente creo que sí.

Ahora DESPIERTA DEL DULCE SUEÑO y dejemos de pensar, por un momento, en "El Cuento de La Lechera"[8].

Antes de conseguir esas soñadas rentabilidades futuras, que pueden ser ciertas o inciertas, te espera por delante un arduo trabajo: primero aprender a ser un magnifico analista del mercado para luego poder ser un buen trader y eso, amigo mío, requiere interés, tiempo, dedicación, constancia, práctica y disciplina... pero créeme... de verdad te digo que merece la pena. Al menos para mí, y supongo que para todos aquellos para los que el FOREX es nuestra pasión.

---

[8] Después de que el fabulista griego Esopo lo escribiera, otros autores han retomado el tema y han escrito su propia versión. "*El cuento de la lechera*" ha dado lugar a una expresión popular, que se usa cuando alguien imagina o sueña algo imposible. Su significado es similar al de la expresión "*hacer castillos en el aire*" (hacerse ilusiones). Ilustración obra Johannes Vermeer c. 1660

Pero sobre todo debes tener algo en cuenta:

La diferencia entre un trader de éxito y uno que no lo es principalmente está en la disciplina psicológica con la que ejecuta su Plan de Trading.

*Hacer Trading no es distinto de cualquier otra disciplina de desempeño, ni más fácil ni más difícil. Eso si, debes prepararte a conciencia, pues si no lo haces, el mercado, tarde o temprano, se cobrará un alto precio: ¡Tu dinero! -*

[iii]*Isabel Nogales ,2011*

## 1.2- ¿El FOREX como alternativa profesional o como hobby?

La mayoría de los que se inician en el mundo del trading lo toman como un juego, como una oportunidad a la que dedican escasamente un par de horas a la semana o menos, cuando no hay otra actividad más entretenida en la que perder el tiempo, y pensando que sólo con un pequeño esfuerzo podrán hacerse ricos: dominar, comprender y controlar el mercado, o lo que es peor, sacarle partido. Es en esta etapa donde se quedan la mayor parte de los que comienzan. Si no te tomas el trading con verdadero interés y le dedicas parte de tu tiempo y trabajo, estás eliminado antes de empezar y aun encima vas a perder tu dinero.

Lamento ser tan clara y especifica en este concepto: obtienes mejores resultados en aquello a lo que más tiempo le dedicas. Así que tenlo claro en este apasionante mundo del FOREX no vas a ganar dinero sin un aprendizaje previo. No al menos de forma consistente. No si te lo tomas como un hobby al que le dediques poco tiempo y mucha menos preparación si cabe.

Tal vez ganes algo por un golpe del destino, y te creas vencedor, pero al instante el mercado te lo arrebatará de un zarpazo, sin el más mínimo ápice de duda, pues para ello fue creado, con el fin de que el mayor número de incautos que quieren probar suerte en este mercado dejen su dinero rápidamente en manos de los especialistas en menos tiempo de lo que te cuesta abrir una cuenta para operar.

Para que te quede más claro si cabe: el FOREX no es otra cosa más que un negocio, un instrumento de especulación financiera. Lo que tu crees un sistema eficiente donde existe un equilibrio entre vendedores y compradores es un entramado financiero bien orquestado, creado por un directorio de empresas integradas y 100% manipulado, donde los verdaderos especialistas del mercado especulan con el objetivo único de transferir la riqueza desde los bolsillos de las masas hacia las arcas de las manos fuertes, que son quienes realmente controlan los mercados. Sin embargo ello nos da una ventaja a los operadores retail[9], si es que sabes como distinguir las huellas que van dejando los especialistas al entrar en acción ,podrás seguirlas tu también y enriquecerte con ello, en lugar de ser absorbido por el sistema.

Probablemente desearías que te confirmara lo que quisieron hacerte creer algunos medios de comunicación, que el FOREX es "la panacea", la "moda" de este siglo...o "la llave de tu libertad financiera" donde cualquiera con tres lecciones básicas, algo de suerte y...sin un mínimo conocimiento puede ganar más de 100.000 con un monto inicial de sólo 200 dólares. Te aseguro que es más probable que te toque la lotería a que te hagas rico así.

Frases como: "Aprende lo Básico en un Día", "Comienza a tradear en menos de tres minutos", "¡¡200.000% de rentabilidad en FOREX!!" ó "¡¡Hazte TRADER profesional en 4 meses!!"...(Todas ellas reales y extraídas de la red de internet) no son más que un bulo.

---

[9] **Trading Retail**. Operativa al por menor. Este segmento se ha desarrollado con el advenimiento de dedicados plataformas de comercio electrónico y de Internet, que han permitido que las personas tengan acceso a los mercados de divisas mundiales con operaciones al por menor. En 2007 representa el 5 por ciento de todo el mercado de divisas que asciende a $ 50-100 billones en la facturación de operaciones diarias

Pensarás ¡¡INCREÍBLE!!… ¿Verdad? Mejor dicho….

## IMPOSIBLE

Este oficio, considerado el más duro del mundo, sobre todo por el control sobre la inteligencia emocional y la disciplina que conlleva, probablemente sea uno de los más lucrativos del mundo; pero necesita dedicación a jornada completa, si realmente deseas vivir de ello o tomarlo como profesión y no fracasar en el intento pero esto no es distinto del resto de las disciplinas que conocemos o ¿Acaso has visto a algún estudiante de medicina hacer una operación a corazón abierto en el primer mes del curso? , o ¿a un corredor ganar la maratón de Nueva York sin haberse entrenado de manera consistente?

¿Acaso no lleva su tiempo aprender a hablar, caminar o correr a un niño?

¿Entonces porque pretendemos que las cosas sean diferentes con una disciplina como es el FOREX?

Lo más increíble es que aún seamos capaces de creernos que inmediatamente podremos abandonar la seguridad de nuestro salario y vivir "a cuerpo de Rey" de las rentas obtenidas del FOREX.

No hace falta ser muy listo para darse cuenta de eso. Sin embargo es curioso observar cómo cuando nuestros deseos y expectativas entran en conflicto con la realidad, incluso las mentes más preparadas parecen cegarse y no querer ver más allá de la evidencia. En estos casos tendemos a procesar sólo aquello congruente con lo que queremos creer y lo damos como válido, aunque esto no sea más que una burda mentira.

Se necesita al menos una preparación mínima, no me refiero a entender sólo lo básico, sino a adquirir al menos una base teórica consistente para conocer donde nos "jugamos los cuartos" y además desarrollar la habilidad práctica en la actividad de desempeño que supone operar en los mercados. Y eso… querido amigo… significa tiempo.

Ni se te ocurra creer que únicamente por dejarte guiar por opiniones de otros, por dejar el dinero en manos de terceros, o suscribirte a señales que te ofrecen gratuitamente las plataformas y corredoras… te vas a hacer rico con el FOREX pues a nadie le va a doler nuestro dinero como a nosotros mismos. Cuesta mucho ganarlo para perderlo por fiarnos de opiniones de oportunistas y ególatras y solo engrosarás las listas de los que por esta práctica, lamentablemente, han perdido todo su capital.

Pero te aseguro que más de uno que inicialmente se ha acercado a este mundillo-incluida una servidora- lo hicimos con esta pretensión de hacernos ricos en poco tiempo y como cabía esperar, pues no había otro modo, el que no ha sabido entender el mercado como lo que realmente es y adaptarse o capacitarse, ha salido desplumado… para luego ir cacareando por ahí que el FOREX es una suerte de estafa, echando la culpa a todo y a todos, menos a si mismo por no estar lo suficientemente preparado y entrenado.

Y te aseguro que el FOREX ¡No estafa a nadie!..

El FOREX existe desde hace mucho… es real y da oportunidades para todos aquellos que las quieran tomar siempre que se capaciten adecuadamente.

Los que si pueden estafar son las personas, agrupadas en empresas o como gurús que venden fantasías irrealizables en poco tiempo, incluso los participantes del negocio del mercado manipulando los precios, o las casas bróker incrementando las comisiones por spread, incluso desviando nuestro foco de atención de lo realmente importante, ofreciéndonos toda suerte de indicadores para entretenernos y que perdamos todo nuestro dinero mientras ellos ganan.

Pero sin diferencia, el peor enemigo de nuestro posible éxito en el trading somos nosotros mismos, quienes con nuestro nuestros miedos, inseguridades, ego o arrogancia, nuestra forma de pensar ser o actuar pretendemos saber más que los otros.

No dejarnos enseñar y guiar por los que ya recorrieron con éxito ese camino, queriendo controlar el mercado, predecirlo y sobre todo dominarlo cuando no somos más que meros intrusos en un territorio que no es el nuestro. Pero eso es algo en lo que profundizaremos más adelante.

### 1.3-¿Cuánto tiempo tardaré en ser rentable?

Hay que tener algo muy claro. Esto no se aprende en 6 meses, ni siquiera en un año o dos. Existe un fuerte componente teórico y práctico, siendo obligatorio el hecho de conocer muy bien una serie de conceptos elementales, y desarrollar destrezas, aparte de forjar el carácter y adaptarlo a nuestro plan de trading.

La mayoría de los que se inician en el mundo del trading se hacen esta misma pregunta tarde o temprano. ¿Cuánto tardaré en ser rentable? .Lo primero que tienes que aprender es que en este oficio las pérdidas y ganancias se suceden como la noche al día, no puedes pensar en obtener siempre una rentabilidad en positivo mes tras mes.

Aquella persona que ve como hay gente que gana 2.000 euros al mes (o mucho más) con 2-3 horas operando al día en la bolsa, que no se lleve a engaño. Aparte que es una minoría la que gana eso, es un largo camino que requiere de preparación, dinero y estudio. Esto no es algo que se aprende y ya, sino que hay que perfeccionarlo constantemente y estar muy atento a los cambios de los mercados.

El problema es que la mayoría de la gente toma esto como una suerte de videojuego virtual, algo poco serio, cuando el mercado es algo muy real mueve tu economía y determina el valor del dinero con el que compras tu modo de vida. Otros lo ven como una especie de juego de azar, incluso llegando en casos extremos a la ludopatía pura y dura. Otros lo utilizan para sentir una descarga de endorfinas y riesgo. Para otros es un hobby divertido, que a la larga les resultará carísimo.

Y no va por ahí el asunto. El trading es otra cosa.

Para entender mejor el mundo del trading en FOREX utilizaré unas citas del Dr. Steenbarger [iv] en su obra "Por qué soy un trader":

-En el trading aprendemos a dominarnos a nosotros mismos, incluso mientras afinamos nuestras habilidades. El trading nos enseña a identificar y perseguir las oportunidades a pesar de la incertidumbre y requiere que entendamos y respetemos el riesgo, sin que nos paralice.

-El trading nos empuja a buscar situaciones que ofrecen más recompensa que pérdida, a aferrarnos a lo que nos beneficia y a salirnos de lo que no; requiere que estemos preparados y que seamos disciplinados, que continuamente aprendamos y volvamos a aprender.

-El trading nos llama a ser pacientes y a actuar con decisión; a creer en nosotros mismos también nos enseña el valor de la prudencia y a proteger lo que tenemos.

-El trading nos enseña a ser conscientes siempre de nuestros puntos vulnerables.

Existe un componente emocional en la operativa del FOREX que llamaremos a partir de ahora psicotrading y del que hablaremos más adelante, (será lo que nos lleve más tiempo controlar) obviando esto y enfocándonos meramente en la parte práctica del sistema: ¿Cuánto tardaré en ser rentable en FOREX?

## Tiempos medios de Aprendizaje en FOREX.

El tiempo medio depende del sistema que elijas a la hora de operar y de la forma en la que decidas capacitarte.

Si utilizas un sistema ganador a corto plazo -ya probado- y te ajustas férreamente a él, con adecuada gestión de riesgo y manejo del capital, llevará aproximadamente 90 días duplicar la cuenta, no cual no significa que seas consistente en FOREX (si es a medio o largo plazo quizás tardes un poco más).

Si tu estrategia se basa en aprender y entender con profundidad el mercado en base a todo aquello que lo mueve, tardarás bastante más que eso, créeme.

Este es el tiempo medio que te espera antes de empezar a operar con una serie de garantías...

o  <u>Con un sistema de aprendizaje autodidacta:</u>

Dedicándole una minimo de 2 horas diarias, aprender la teoría llevará unos 9-12 meses, tiempo en que aprenderás a como leer y desglosar el mercado: cómo, por qué, cuándo, a causa de qué...etc. se mueven los mercados, esquemas, operativas, estadísticas, probabilidades, gestión de capital, manejo de riesgo, psico-trading, etc.

Implementar y asimilar lo aprendido e integrarlo en la práctica te llevará entre 1 y medio o 2 años mínimo.

Tendrás que seguir actualizando este conocimiento en base a las variaciones que sufran los mercados cambiarios el resto de tu vida como trader. Este será tu entrenamiento práctico y durará toda la vida.

Es durante este segundo periodo en el que vamos forjando nuestro carácter y preparamos nuestra mente y nuestra personalidad para ejercer el control de nuestras emociones e impulsos y operar de una forma mecánica y racional...

En total, como ves lleva una media de unos 3 años el capacitarse como trader profesional con un mínimo de garantías en el desempeño...siendo lo más habitual entre 3 y 5. Luego ya todo dependerá de tu desarrollo evolutivo como operador de mercados.

o   Con un sistema de aprendizaje dirigido:

Los tiempos se acortan. Así si nuestra capacitación es dirigida por un mentor los resultados serán mucho más sobresalientes, estando entrenados para ejercer como traders profesionales apenas en un año y medio, pues habremos facilitado la adquisición de nuevos contenidos ( los obstáculos y errores ocurridos con la autoformación serían rápidamente corregidos o evitados con un entrenamiento guiado) e incrementado la velocidad en nuestra curva del aprendizaje[10], por tanto en muy poco tiempo podrías estar

---

[10] Una **curva de aprendizaje** describe el grado de éxito obtenido durante el aprendizaje en el transcurso del tiempo. Es un diagrama en que el eje horizontal representa el tiempo transcurrido y el eje vertical el número de éxitos alcanzados en ese tiempo.

realmente capacitado para ejercer una profesión altamente redituable.

Por tanto se tarda unos 12 a 24 meses operar como un trader profesional con una cuenta importante.

- <u>Tiempos medios con un entrenamiento intensivo dirigido:</u>

Si la capacitación se produce a través de un entrenamiento intensivo dirigido -dedicándole al menos dos horas diarias al estudio -habremos recorrido en 1 mes lo que de forma autodidacta hubiéramos tardado 1 año.

Sin embargo para asimilar las destrezas rápidamente (parte práctica) es necesario seguir una rutina que nos de seguridad en la operativa. Para ello existen los simuladores en los que podremos estudiar el desarrollo de nuestra operativa hasta que la dominemos -sin arriesgar nuestro dinero en una cuenta real- y en las que podemos ajustar la velocidad de formación de velas, o la velocidad del tiempo, reduciendo periodos de hasta un año a unas pocas horas –De este modo, dedicando una media de 1 ó 2 horas diarias, podríamos adquirir en un sólo día la  experiencia que desarrollaríamos durante todo un año de operativa en una plataforma  que avanzara a un ritmo de tiempo real, lo cual evidentemente acelera nuestra curva del aprendizaje.

Siendo dirigidos por un mentor en unos tres meses asimilaríamos todos los conceptos teóricos y en unos 6 meses más -ejecutando operativa en simuladores – tendríamos la consistencia  que en otras carreras conseguiríamos en cinco años.

---

A menudo se cometen muchos errores al comenzar una nueva tarea. En las fases posteriores disminuyen los errores, pero también las materias nuevas aprendidas, hasta llegar a una *llanura*.

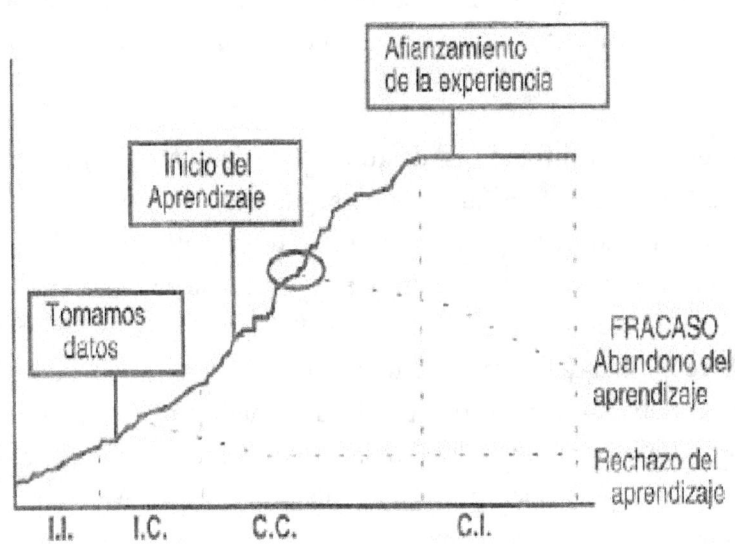

"Curva de aprendizaje" en el tiempo

*"La gente quiere gurús, por lo que éstos seguirán llegando. Todo trader debe darse cuenta que, a largo plazo, ningún gurú le va a hacer rico. Debemos aprender a operar de forma independiente"*

*Elder, A.*[v]

## 1.4- Las etapas que atraviesa un trader en su formación

---

*"El sable largo es difícil de manejar, pero todo es así cuando comienzas".*

*El libro de los cinco anillos.*

---

El secreto está en APRENDER DE LAS ETAPAS DEL CAMINO.

Ya lo decía el maestro Kostolany: *"el dinero que se gana en la bolsa es el salario del dolor, primero debes perder dinero y luego comenzarán las ganancias".*

Podemos distinguir a grosso modo cuatro etapas en el desarrollo de un operador de mercados:

> **Trader discrecional o iniciado.**

Se entiende como trading discrecional a la forma manual de operar en los mercados dependiendo de la propia interpretación y del juicio del trader. Es este el periodo en el que te adentras por vez primera en el mercado creyendo que con unas pocas reglas puede ser sencillo. La industria del trading lo sabe y realiza continuas campañas publicitarias para atraer nuevos clientes prometiendo altas rentabilidades en poco tiempo y menos esfuerzo, casi como si fuera magia. El éxito en el trading está ligado al control de las emociones como parte fundamental de nuestra operativa pero tú no lo sabes, ni quieres saberlo aún. (La falta de control emocional es lo que separa al 95% de los participantes en los mercados de su dinero).

El trader discrecional se mueve por impulsos, opera por intuición, emocionalmente y sin reglas, queriendo predecir el mercado. Se deja llevar y es influenciable. Opera por comentarios de gurús, amigos y vecinos. Continuamente sigue, sin ningún criterio analítico, las recomendaciones de la prensa financiera y los bróker.

En esta primera fase el trader se caracteriza por tener muchas operaciones con pequeñas ganancias y pocas pero con grandes pérdidas. No fija el stop y si lo hace lo mueve cuando ve que la cotización se acerca a dicho stop. No es capaz de cerrar en la primera pérdida y menos lo va a ser cuando dicha pérdida aumente en cuantía. Por lo que una entrada a corto plazo se convierte en una operación a largo.

Esta etapa dura de una a dos semanas y como el mercado suele ser bastante claro en este sentido, rápido pasas a la siguiente etapa.

Existen estudios científicos que determinan como actúa el cerebro humano en el control de impulsos y por qué adoptamos vicios de comportamiento en todas las facetas de la vida, decisiones impulsivas o descontroladas, poco racionales, de las que luego podemos arrepentirnos, pero forman parte de la naturaleza humana (y esa está por encima del operador, pues antes que operadores de sistemas somos humanos).

No existe ese problema con las máquinas, siendo este uno de los motivos por el que cada vez esta mas mecanizada la industria del trading, justo para evitar el control emocional que en muchas ocasiones puede llevar al traste nuestra operativa haciéndonos tomar decisiones impulsivas y poco meditadas.

Alejándonos un poco del tema, pero aun dentro del control de emociones e impulsos me gustaría que vieras esta ilustración que explica a grosso modo como tras sufrir diversas experiencias y traumas emocionales en la vida, nuestro cerebro genera diferentes respuestas. Esto es aplicable también al mercado pues el trading no es distinto a cualquier destreza y su operatividad está sometida también a decisiones tomadas en base a impulsos emocionales no sólo racionales.

Bioquímicamente se podría decir que tras sucesivos experiencias o errores sufridos en la infancia, la función de la corteza pre frontal (implicada en el control de nuestros impulsos queda mermada a favor de la acción de la amígdala, siendo la amígdala no solo la responsable de conductas viscerales como la agresividad sino también, en cuanto a operaciones de trading se refiere, la principal culpable de nuestras operaciones impulsivas, con sobre-apalancamiento etc.

Un grupo de investigadores demostró –con estudio en cerebros de ratas y comparado con humanos– que vivir situaciones traumáticas en la niñez cambia la fisiología del cerebro y predispone a conductas violentas en la adultez.

**CEREBRO SANO**

Ante una situación estresante se activa la corteza orbitofrontal, encargada de inhibir los impulsos agresivos.

**CEREBRO CON TRAUMA**

Expertos probaron que en ratas adultas expuestas a estrés siendo jóvenes, casi no se activa su corteza orbitofrontal ante un nuevo trauma. En cambio, su amígdala está sobreactiva.

*Corteza orbitofrontal* encargada de inhibir los impulsos agresivos.

*Amígdala* zona vinculada a las reacciones más emocionales y, por lo tanto, impulsivas.

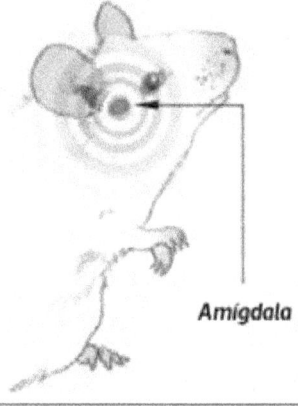

*Amígdala*

**1** Al comparar los datos con los de cerebros de humanos violentos comprobaron que su corteza orbitofrontal y amígdala se comportaban igual que las ratas.

**2** Además, comprobaron que un gen llamado Maoa, involucrado en comportamientos agresivos humanos, había mutado en las ratas estresadas.

FUENTE: Escuela Politécnica Federal de Lausana.

**LA TERCERA**

> **Trader técnico.**

Aun no puedes ver el mercado con actitud estadística, y cada operación como un sistema de probabilidades, tampoco ves que sea una industria maquinada y organizada para transferir riquezas desde las masas a las manos de los especialistas, y crees que es un mercado eficiente, un sistema trasparente, y no manipulado donde el pulso entre los "toros" y los "osos"[11] es legítimo y que lo que tienes que hacer es predecir hacia donde se dirigirá el precio en los próximos minutos, horas o días para ganar. Por tanto peregrinas de un sistema a otro esperando cual te dará el pronóstico de lo que hará el mercado.

Te das cuenta de que no sabes lo suficiente. Te haces consciente de que te hacen falta las habilidades y la destreza para percibir utilidades de forma regular y emprendes tu andadura recopilando información, sistemas, estrategias, etc. Esta etapa se caracteriza por la búsqueda de "El Dorado" que resuelva nuestro aprendizaje y el trader se sumerge en un proceso patológico de fascinación por los indicadores lo .Se llama "síndrome del Santo Grial" o "la eterna búsqueda del Dorado".

Pondrás en práctica todo sistema que caiga en tus manos, implementarás cada último indicador que recibas, probando cada sistema a ver si es el que haga la diferencia, saltando de uno a otro y nunca tomando el tiempo suficiente para saber si realmente funcionan, eres inconsistente en el esfuerzo y tu operativa también lo es.

---

[11] Habitualmente se llama "toros" a los inversores que creen que la Bolsa va a subir, y "osos" a los inversores que creen que la Bolsa va a bajar, y por ello toman posiciones bajistas (vendiendo primero para comprar después). Parece que el origen de esta analogía está en la forma de atacar de estos dos animales.

Los traders exitosos, gratuitamente te darán consejos pero serás un terco y te empeñarás en hacerlo como tú quieres. No seguirás consejo alguno y si sobre-operarás el mercado, harás operación tras operación aun cuando te digan que es una insensatez y seguirás de obstinado creyendo que lo que haces es lo mejor. Cuando pierdes tienes la esperanza de que esa pérdida se recupere y no cierras porque tu ego no soporta esa pérdida por pequeña que sea y cuando vas ganando tienes miedo a perder lo ganado y cierras para no tener que soportar otra pérdida o para no lamentarte de lo que podías haber ganado si cerraras un poco antes.

En definitiva: Tu ego es más grande que tú.

Figuras del oso y el toro que hay delante de la Bolsa de Francfurt

- **Trader iniciado en sistemas**

Has probado todo y no ha funcionado. Empiezas a plantearte que tiene que haber algo que tú no haces y que los que consiguen ser exitosos sí. De repente te vas a dar cuenta que no puedes predecir lo que hará el mercado, ni tu ni nadie y que necesitas acercarte al mercado desde otra perspectiva y mirándolo con otros ojos.

Si aún no has tirado la toalla para este entonces, por fin empezarás pensar que quizás el éxito no está tanto en lo que haces sino como lo haces, y que es probable que tu orgullo es el que no te permite ver querer ver las cosas. Que tal vez debes acercarte al mercado de otra manera: gestionando tu capital para poder hacer el mayor número posible de entradas ante un sistema que acierta el 70% de las veces, sin preocuparte por las perdidas, sin preocuparte por lo que hara el mercado, ajustándote a un sistema, sin plantearte tu valía personal con cada trade perdedor, sino que te das cuenta que forma parte de tu operativa.

Este es tu momento "Eureka" en el que todo cambia a tu favor. Acabas de descubrir la esencia para acercarte a los mercados siempre imprevisibles. Empiezas a dar importancia a tu sistema, a la gestión de tu capital, y al psicotrading. Comienzas a entrar al mercado sin emociones, ajustándote a tu plan de trading. Y empiezas a pensar que te vendría bien tener tu diario de trading.

A partir de ahora, será nuestro sistema el que dirija nuestra operativa. Hemos dejado atrás a los grandes gurús, las recomendaciones de nuestro bróker, nuestra intuición y ya no nos concentramos en intentar predecir el movimiento del mercado, sino en seguir nuestro sistema y aunque sabemos que el mercado nunca replicará el pasado, es mucho más cómodo usar un sistema que ha sido probado con datos históricos que operar mediante nuestra intuición.

- **Trader experto en sistemas**.

La última fase, en la que hemos perfeccionado nuestras reglas de gestión del riesgo y hemos aprendido técnicas de gestión monetaria, operamos en diferentes mercados y probablemente usamos diferentes sistemas en cada uno de los mercados. El Trader Avanzado de Sistemas sabe que la llave de los beneficios a largo plazo está en la gestión de nuestro capital y no en la búsqueda del indicador mágico. El Trading no es diferente del resto de negocios y para sobrevivir necesitamos un buen plan de negocio y unas buenas capacidades de gestión.

Ilustración cortesía spottradinggllc

**RECUERDA**

El Trader Avanzado de Sistemas

sabe que la llave de los beneficios a largo plazo

está en la gestión de nuestro capital

y no en la búsqueda del indicador mágico.

## 1.5- Nuestro peor enemigo

---

*"El trader que triunfa es el que sobrevive a sí mismo, porque nuestra mente es nuestro peor enemigo."*

*José Luis Cárpatos*[vi]

---

Teniendo en cuenta que el 80% de éxito en el trading se debe a la inteligencia emocional, sin lugar a dudas nuestro peor enemigo en el trading somos nosotros mismos, pues son nuestras emociones las que continuamente perturban, para bien o para mal, nuestra actividad de trading.

Entre otras causas podríamos enumerar la percepción subjetiva que tenemos de la realidad, así como la indisciplina, el orgullo, la codicia, el miedo o la avaricia, como parte de los pilares en los que se sustenta nuestro fracaso como trader. Todo ello es lo que estudia el llamado psicotrading.

## Pero ¿Qué es el psicotrading en FOREX?

El Psicotrading es sin duda la piedra filosofal del trader, en el fondo no es otra cosa que el componente psicológico a la hora de operar y que en ocasiones nos hace tomar decisiones puramente emocionales, sin ninguna base lógica o racional y que, evidentemente, tendremos que aprender a controlar si queremos no naufragar económicamente en el intento de rentabilizar una cuenta.

Este componente emocional es el responsable de:

- Que en épocas de euforia alcista (burbujas) creamos que los productos nunca van a bajar su precio y que entremos en la vorágine de comprar al precio más alto, justo antes de la caída de su valor.

- Que en épocas de pánico (bajistas) devorados por el pesimismo generalizado vendamos, incluso perdiendo gran cantidad de lo vendido, justo antes de terminar el ciclo bajista.

- Que cuando tenemos ganancias (por pequeñas que sean y ante el miedo de perderlas) cerramos la operación con una mísera ganancia, en lugar de dejarlas correr y sin embargo cuando estamos con pérdidas, no las cortemos, incluso ampliando el espacio entre las paradas de seguridad (stop lose) con la esperanza de que el precio pueda darse la vuelta y salir con ganancias. Y nos hace perder más de lo establecido.

- El que altera la percepción que tenemos del mercado y hace que nuestro análisis del mercado sea subjetivo o sesgado viendo únicamente las opciones que queremos ver y no las que son en realidad.

- El que cuando vas a operar  te dice que arriesgues más capital del que debes  ya que es "una ganancia segura",  y compras 1000 en lugar de 100 (como determinaría tu gestión de capital). Dando al traste con toda tu operativa si sale mal.

- El que te hace cerrar la posición antes de que llegue al stop o  que cortes las ganancias por miedo a perder lo ganado.

- Etc., etc.

Evidentemente la falta de control emocional (el control de sí mismo o autocontrol) es la parte difícil del trading. De todo esto hablaremos con más profundidad posteriormente.

El ser humano interacciona con el medio que le rodea de forma básicamente emocional de hecho nacimos para sobrevivir en un mundo cargado de incertidumbre y si la naturaleza ha escogido dar mayor valor a la parte emocional que a la racional, debe ser porque es más eficaz para la supervivencia. Esto es útil para la naturaleza, pero quizás un obstáculo mental  para operar en otros campos racionales y lógicos. El FOREX en este caso no corre distinta suerte y se maneja en un entorno abstracto como es la ingeniería financiera, la computación y la  lógica  tendencial, la matemática y la cuántica (estadística, probabilidad, geometría y estructura espacial) con operativa avanzada , logaritmos y sistemas implementados basados en algoritmos de alta frecuencia donde no importa  ya el dinero, sino el sistema, no importa tanto la situación económica actual o este o aquel análisis, sino lo rápido que es ejecuta la orden, lo cual da una ventaja al operador más rápido, y muy poco al operador retail.

Como te indicaba, hoy por hoy, en los mercados de valores y de capitales, con el fin de optimizar resultados, se trabaja principalmente con sofisticados algoritmos que permitan realizar estrategias de inversión convencionales (arbitraje, contrapartida o creación de mercado, inversión intradía, detección de correlaciones en el precio de los activos...), pero a mucha más velocidad gracias a los avances tecnológicos. Sus programas que están pensados para que operen con total autonomía. Y de los que no solemos tener mucha información en los medios informativos.

En la actualidad, es curioso observar los puestos de trabajo ofertados en las corredoras bursátiles y mercados cambiarios, veremos que el porcentaje mayor de contratación - lejos de ser economistas y analistas financieros como en antaño- son su inmensa mayoría programadores, ingenieros físicos y matemáticos que crean sofisticados softwares altamente cuantitativos y generan algoritmos informáticos para analizar datos del mercado e implementar estrategias de negociación.

Esta actividad, conocida como HTF (por sus siglas en inglés Hight Frecuency Trading), en su conjunto, ocupa casi un 90% de la operativa intradía de los mercados. En el resto de los periodos operativos se considera que los mercados están gobernados por máquinas en un porcentaje altísimo (se cree que llega casi al 50% de los intervinientes en los mercados). Mientras que sólo las operativas de medio y largo plazo observan cierta correlación con datos macroeconómicos o políticas gubernamentales, o fundamentalismos.

De hecho déjame decirte que por algo muchos de los grandes partícipes en los mercados como por ejemplo el grupo The Goldman Sachs (uno de los grupos de banca de inversión y valores más grandes del mundo) maneja prácticamente toda su operativa intradía en base a HFT.

En la ilustración puedes ver  la Torre de Goldman Sachs, en Jersey City, Estados Unidos para que te hagas una idea del volumen que maneja la empresa en los mercados.

Los valores  expuestos a continuación son parte de  las ganancias obtenidas por este grupo en el año 2012 en base a su operativa con software de trading de alta frecuencia.

```
Sesiones de trading de Goldman Sachs en 2012

Dias perdedores 14
Dias ganadores 153
Porcentaje de días ganadores 91%
Porcentaje de días perdedores 9%


Dias perdedores

2 dias perdieron entre 50 y 75 millones de dólares
2 dias perdieron ente 25 y 50 millones de dólares
12 días perdieron menos de 25 millones de dólares


Dias ganadores

41 días ganaron + de 100 millones de dólares
37 días ganaron entre 75 y 100 millones de dólares
75 días ganaron entre 50 y 75 millones de dólares


Fuente: Gurublog
```

Ahora entenderás el motivo  por que aquellos operadores más experimentados en el mercado te recomiendan utilizar  periodos de tiempo mayores (H4 o superior) a la operativa intradía para la gestión de tus posiciones, puesto que contra la eficacia operativa de los HTF es muy difícil competir. ¡¡Y el mercado intradía está muy  instrumentalizado!!

Este es uno de las causas por la que la mayoría de los que operan intradía en FOREX pierden en un 90% su capital operando intradía y sólo un 10% alcanza el éxito, aunque se puede lograr es más complicado.

No obstante, recordemos que las máquinas están hechas para mejorar la eficiencia nunca para sustituir la lógica humana, ocasionando cuando fallan -aunque sea poco a menudo - desastres como el del Flash Crash del 6 de mayo de 2010[12] .

Ilustración que ejemplariza la dificultad de equilibrar razón y emoción

---

[12] Flash Crash del 6 de mayo de 2010 en el que el índice Dow Jones Industrial Average se desplomó cerca de 1000 puntos, (aproximadamente un 9%) para recuperar esa pérdida escasos minutos. (Fue la segunda mayor caída en puntos, 1,010.14 puntos y el mayor desplome diario, 998.5 puntos, en una base intradía en la historia del Promedio Industrial Dow Jones).

El éxito en el trading está ligado al control de las emociones como parte fundamental de nuestra operativa. La falta de control emocional es lo que separa al 95% de los participantes en los mercados de su dinero.

La industria del trading lo sabe y realiza continuas campañas publicitarias para atraer nuevos clientes prometiendo un Santo Grial que nunca llega y nunca llegará si lo buscamos fuera de nosotros mismos.

Como ves, en el mercado FOREX las emociones no tienen cabida si deseas ser exitoso, es por ello que una reacción eminentemente humana, nos puede llevar al traste con nuestra operativa diaria .Por tanto para sobrevivir en FOREX tenemos que aprender a vivir con un buen control emocional, a pararle los pies a las emociones cuando sea necesario y a dejarnos llevar por ellas en nuestro beneficio. Ello se consigue a través del entrenamiento en las destrezas de la inteligencia emocional.

Algunas emociones humanas, no obstante queda reflejadas y tienen su expresión en las gráficas , por lo que más adentrados en materia de enseñaré como detectar algunos de los patrones (de índole repetitiva) que se producen en un mercado a causa del efecto de actuación colectiva de las masas que participan en FOREX, bien por la intervención d elos mismos en las fases finales de euforia alcista o pánico bajista, o por la intervención de los especialistas del mercado aprovechándose de ello , pues aunque, como decimos el FOREX es un mercado altamente instrumentalizado y manipulado, no debemos olvidar también que un porcentaje de los participantes son humanos, y por tanto sometidos a emociones, que realizan acciones las cuales determinan pautas fáciles de detectar en las graficas para un "ojo" entrenado.

Ya ves, por tanto, que la mayoría de los errores que dan al traste con nuestro sistema operativo son las decisiones y reacciones basadas en las emociones, principalmente. Las cuales vamos a desarrollar a continuación a fin de que comprendas las causas que provocan ineficiencia en nuestra operativa   y limitan el   conseguir la consistencia y las rentabilidades deseadas y como poder hacerles frente.

A enumerar entre otras:

- La indisciplina del trader

- La percepción subjetiva de la realidad

- Nuestro Ego: el orgullo

- El deseo de riqueza: la codicia y la avaricia

- El miedo

- La esperanza

- No pensar en términos estadísticos.

- El desconocimiento. (este no requiere más explicación). Se soluciona con capacitación y aprendizaje.

Veamos cada una de ellas

- ## **La indisciplina del trader:**

Lo complicado   reside en que el ser humano por naturaleza no es disciplinado y cuando el ser disciplinado marca la diferencia entre la consistencia y el fracaso, sólo aquellos que se ajustan al plan testado estadísticamente y no se desvían de él y son los que obtienen mejores resultados en relación a aquellos cuyas emociones les hacen cambiar objetivos, métodos y estrategias de forma reiterada.

Por tanto el control de su conducta, así como gestionar el riesgo que asume con su dinero, son las partes más complicadas del trading.

Aquí si observas podríamos  encontrar una analogía entre ser rentable en trading y  el perder el peso deseado.

Siendo disciplinado no es complicado perder peso, de hecho es algo muy simple. En el caso de perder peso bastaría con comer menos y  gastar más calorías de las que se ingieren, eso es todo.

Entonces ¿Por qué es tan difícil perder peso? principalmente por la indisciplina y lo inconstante del ser humano, cualidades que no son definitorias de nuestra especie que digamos, y que sólo a través de la constancia y el entrenamiento  podemos convertir en un hábito que trabaje a nuestro favor.

Esto también se aplica  por igual al trading, como a otras disciplinas en la vida, con iguales resultados. Por tanto debes tomar nota respecto a este aspecto.

- **La percepción subjetiva de la realidad:**

Aquí te aconsejo la atenta lectura de la sección "¿Qué me limita?" del capítulo 2º de mi obra "Como Hacerse Rico ¡¡YA!! , Que explica con detalle el proceso de percepción de los acontecimientos, dado que tu realidad no es lo que ves sino lo que piensas que estás viendo.

Dicha sección comienza así:

... *"Aunque es algo que nos cueste admitir la realidad no es nada más que el producto de nuestra percepción interna, con ello quiero decir que una misma realidad, presentada a un grupo, es distinta para cada persona, ya que depende de la percección que cada individuo realice de los acontecimientos siendo estos acontecimientos determinados entre otros muchos factores por la percepción del individuo, por sus expectativas, sus creencias internas, sus circunstancias externas, y especialmente su proceso de atención selectiva enfocado a dicha realidad ,determinada en ocasiones, por las vivencias generadas en experiencias anteriores. De esta manera la misma realidad puede tener diferentes significados para quien la experimenta"*....

Aplicado al FOREX, se podría decir que, por ejemplo, a la hora de analizar las graficas que vamos a operar, en lugar de plantear todos los posibles escenarios alternativos que puedan tener lugar en la continuidad del precio, tendemos a dilucidar sólo aquellos que entran dentro de nuestros criterios imaginables, siéndonos difícil, sino imposible, intentar ver siquiera aquellos que no nos plateamos como válidos. Y eso nos puede hacer perder mucho dinero, pues sólo veremos una distorsión de la realidad.

Dicho de otro modo:

> **"Sólo vemos lo que queremos ver".**

También se podría decir que

> **"Sólo escuchamos aquello que queremos oír"**

Aunque eso ya entraría más en el campo del nuestro siguiente limitante:

- **El orgullo, nuestro Ego**

---

*"No es lo que no sabes lo que te meterá en problemas, sino lo que sabes seguro y no es así"*

*Mark Twain[vii].*

---

Estudios científicos han demostrado que la gente se atribuye en casi todas las habilidades una valoración superior a la media[13].

Según Myers[viii] en su libro "Myers Social Psychology", "en prácticamente cualquier dimensión en la que es a la vez subjetiva y socialmente deseable, la mayoría se ve a sí mismos como mejores que la media".

Ello tiene algunas ventajas ya que no sólo mejora el "status" social del que se atribuye sino que también disminuye el estrés y atenúa las dudas al sentirse capaz de solucionar cualquier problema que se presente , mejorando nuestra autoestima; .Incluso puede mejorar las posibilidades de éxito en las competencias con otros.

---

[13] Camerer,1997, DeBondt and Thaler, 1995, Alicke et al. 1995

Sin embargo también nos puede llevar a sobreestimar la exactitud y profundidad de tu conocimiento sobre una situación o ignorar o evitar información contradictoria o simplemente no escuchar creyendo que lo sabemos todo y eso créeme, es muy peligroso y nos hará errar una y otra vez.

Este exceso de confianza nos perjudicará en la fase de análisis y planificación de la operativa en FOREX, en las que conviene no excederse en la confianza para ver todas las opciones posibles. Aunque tengamos una idea básica, conviene examinar todas las posibilidades alternativas para que no nos dejemos nada importante sin examinar.

Sin embargo, por ende nos será muy útil una vez iniciada la posición, en la

gestión de nuestra operativa acorde a nuestro plan de trading en la que hay que entrar con confianza y en la que no se gana nada con dudar, porque la posibilidad de una reacción en tiempo real es muy complicada.

Muchos de nuestros fracasos como operadores no se deben a otra cosa más que el ego, esa pesada y absurda carga con la que tenemos que aprender a convivir y si es posible controlar, para no errar una y otra vez en nuestros objetivos en el trading. (Interesante leer el mito de Sisifo[14]) .Cuando descubramos que el ego no aporta nada en

---

[14] Ilustración "La piedra" Manuel Vicent . "El mito de Sisifo" de A. Camus. Camus presenta la incesante e inútil tarea de Sísifo como una metáfora de la vida moderna, con el trabajo fútil en fábricas y oficinas. "El obrero actual trabaja durante todos los días de su

nuestras vidas, habremos tenido un gran avance  en nuestra etapa como operadores y podremos pasar a la siguiente fase. Además de aprender a ser más felices en otras etapas de nuestra vida.

El ego en esta fase, se puede a efectos externos mostrar como seguridad, pero no debería mostrarse como soberbia, que es algo diferente al exceso de confianza (aunque el exceso de confianza mal interpretado pueda llevar a la soberbia).

El ser humano está preparado para no reconocer sus errores, ni sus miedos, es algo que avergüenza o que demuestra debilidad frente a los demás  por tanto el orgullo o la falsa confianza, o la soberbia, nos hará actuar de esta manera en lo que se refiere al FOREX:

- No solemos cerrar posiciones en pérdidas argumentando la subida en los próximos días por no querer reconocer que estábamos equivocados en nuestro análisis.

- Aunque las estadísticas dicen que el 90% de los que operan en el mercado pierden su capital en  los tres primeros meses operando en intradía,  nuestro ego nos hace que creamos que eso no nos sucederá a nosotros, pues nos conocemos  y pensamos que estamos más preparados  que la media,  que somos más listos y que gestionaremos con más eficiencia nuestro trade.

- Que no estudiemos con suficiente seriedad, no tengamos intención de invertir en nuestra formación, y pensemos que con acudir a recursos gratuitos, poner en práctica un par de estrategias, acudir a

---

vida en las mismas tareas y ese destino no es menos absurdo. Pero no es trágico sino en los raros momentos en que se hace consciente."

los foros, o pertenecer a un grupo lo tenemos todo hecho.(¿te imaginas que tu hijo te dice que no le ve sentido a invertir su dinero matriculándose en una buena universidad para obtener un grado en Derecho si basta con la información que puede buscar gratuitamente por la red para ejercer la profesión y salir bien parado? Lo extraño es entenderlo con un grado académico reglado gubernamentalmente y no ser capaz de verlo cuando se trata de los mercados financieros, mucho más complicado y cuyo aprendizaje es como cualquier otra disciplina.

- Hacemos un buen trade y enseguida nos creemos el operador más exitoso del mercado, creemos que lo sabemos todo, nos parece fácil y creemos que lo podemos repetir tantas veces como queramos, y mentalmente amasamos fortunas, por supuesto ni se nos ocurre pensar que nuestro acierto pudo ser por pura probabilidad, no por nuestra erudición.

- Cuando hacemos trading y perdemos, justificamos y solemos echar la culpa al mercado, a la operativa, a los fundamentales, a la casa bróker…en lugar de analizar nuestra parte de culpa.

- Nos sentimos extremadamente orgullosos por ganar nuestros primeros 100€, cortamos rápido con un beneficio ridículo y salimos eufóricos a la calle a pavonearnos. Cuando perdemos en un trade entonces callamos, no decimos nada a nadie porque eso avergüenza, minimizamos la importancia de la perdida pero entramos de nuevo al mercado impulsivamente con una posición mayor para recuperar el dinero perdido. ¡Craso error!

No olvidemos que al mercado hay que acudir con la máxima humildad posible y con el mayor coraje del mundo, si es que queremos lograr algo y que nuestro ego no lleve al traste nuestras cuentas.

Debemos saber que no podemos operar con ningún tipo de sentimiento (ni malo ni bueno), sino con una buena estrategia con esperanza matemática[15] positiva que debemos seguir fielmente hasta el final. Debemos saber que las pérdidas son inherentes al mundo del trading, y por lo tanto debemos convivir con ellas, pero lo importante no es perder o ganar, si no ganar más veces de las que perdemos, cortar las perdidas y dejar correr los beneficios.[16]

*Las emociones como el miedo, nublan nuestro entendimiento, la euforia nos hace perder el respeto al mercado y testarudez o el orgullo nos deja en manos del destino.*

*Serrano, Fco.J.*[ix]

---

[15] Una definición fácil de entender de lo que aquí llamaremos «Esperanza Matemática» es la relación entre el premio obtenido y probabilidad de acertar. La definición matemática de «Esperanza Matemática» o Valor Esperado es bastante más compleja, pero en el desarrollo de este Sistema se limita a Premio x Probabilidad.

[16] Serrano Fernandez.

- ## **El deseo de riqueza, la codicia y la avaricia.**

Es de todos conocido el refrán"la avaricia rompe el saco".Viene a ser lo mismo, aplicados al mundo de FOREX.

Ese afán desordenado de poseer y adquirir riquezas para atesorarlas hace que el trader actúe de forma irracional e impulsiva en su operativa.

A menudo el trader se apalancará en exceso, incrementará sus posiciones o nº de lotes con el fin de obtener mayor retorno exponiéndose mucho mas al mercado de lo que le recomienda su gestión de capital y riesgo (Los traders generalmente están más centrados en la revalorización del capital que en su preservación.

Pero si el segundo objetivo no se cumple, el primero es inalcanzable) ,se sobreexpondrá al mercado, abriendo un exceso de operaciones y lo que es peor, con el objetivo de ganar algo más y no perder ni un céntimo, se aferrará a sus operaciones perdedoras con la esperanza de que se recuperen para al menos salir igual que entró (recuperar el dinero perdido), o con la previsión de mayores ganancias, y aun cuando el mercado le este diciendo una y otra vez que va en su contra y que él estaba errado no será capaz de finiquitar la operación , incluso ampliando su stop lose que limitaba su pérdida pensando que así dará más margen de movimiento al precio sin ahogarlo y le permitiría que regrese al rango que el en su mente lo imaginaba.

La avaricia lleva al trader a un estado en el que el juicio y la razón están nublados y prácticamente han desaparecido.

Superarla cuesta  tiempo y disciplina, pues se trata de dominar al ego, de admitir que no se puede estar en lo correcto siempre y  que, aunque planees una buena operación, puede que la pierdas.

- **El Miedo**

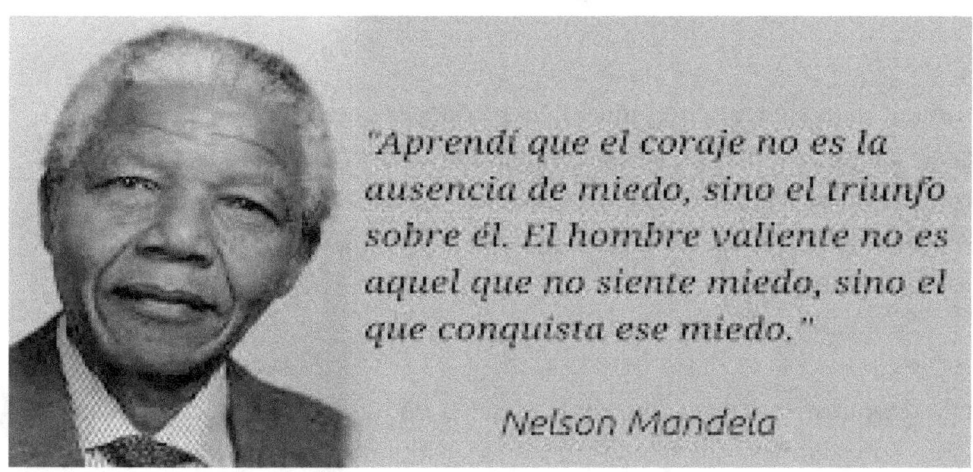

"Aprendí que el coraje no es la ausencia de miedo, sino el triunfo sobre él. El hombre valiente no es aquel que no siente miedo, sino el que conquista ese miedo."

Nelson Mandela

El miedo es una de las emociones primarias en el ser humano.

El Miedo a la incertidumbre, a lo impredecible, a no poder controlar lo que hará el mercado en próximos minutos, horas o días. A que la casa bróker no sea formal y desaparezca, incluso al propio mercado o a operar.

Cuando digo a que me dedico y cuál es mi pasión por el mercado de capitales, muchas veces la gente pone cara de escéptica y asoma un esquicio de temor en sus caras, me suenen decir, ¿No te da miedo?, ¿no es muy difícil y muy arriesgado? Ahí aparece el miedo a la especulación en la mayoría de las personas que conozco, el miedo a perder lo que cuesta tanto trabajo ganar, al propio mercado porque es un terreno que en general desconocemos.

El miedo a ganar y sobre todo el miedo a perder el dinero es mucho más fuerte que el deseo de ellos. Es por eso que tu estado emocional determina la capacidad de ganar que tienes en los mercados financieros cuando comienzas un trade. Y es que Manejar dinero crea tensión.

Lo primero para superar en el miedo, es reconocer que existe y en lugar de centrarse en ganar o perder, lo más importante es operar sin predisposición, es decir, no tratar de predecir el mercado, sino tratar de perfeccionar nuestra ventaja comercial que en el FOREX que no es otra que las probabilidades a nuestro favor.

Cuando descubrimos que es imposible predecir en FOREX qué va a ocurrir con las cotizaciones, el miedo a la incertidumbre desaparece y nos enfocamos entonces en las cuestiones meramente estadísticas de nuestro sistema.

Entender que debemos acercarnos al mercado con pensamiento estadístico, no pensando si vamos a ganar o perder, ni cuánto, sino pensando en probabilidades:
Así daremos más valor entre otras cosas, al conjunto de lo acumulado (la suma de todas las operativas), y será más fácil ajustarnos a las reglas. Debemos entrar en todos los posibles trades que nos diga nuestro sistema, con el fin que la sumatoria de todas las entradas en base a la probabilidad de acierto de nuestro sistema, sean los que hagan la diferencia para conseguir consistencia a largo plazo.

Otra forma de tener bajo control la emoción del miedo en el trading consiste en centrar nuestra operativa en la gestión del capital (poner en riesgo sólo un 1% de nuestra cuenta en cada operación) y el manejo del riesgo(como mínimo entrar sólo en operaciones que nos permitan que podamos arriesgar un valor para conseguir una razón de dos o superior)así ante un sistema que tenga un porcentaje de éxito de al menos 50% obteniendo el doble cuando ganamos nuestro sistema generará rentabilidad positiva a largo plazo.

En cuanto a la gestión de capital, si sólo ponemos en riesgo un porcentaje muy pequeño de nuestro dinero en cada operativa (digamos un 1% de nuestra cuenta, podremos realizar hasta 100 operaciones independientes con resultados independientes –arriesgando un 2% podremos abrir hasta 50 operaciones antes de agotar nuestro capital), lo cual nos permitirá seguir en el mercado durante más tiempo aún cuando las probabilidades no estén a nuestro favor.

Como sólo hay dos opciones: acertar o equivocarse podríamos calcular la probabilidad de perder consecutivamente siendo la siguiente:

---

+ La probabilidad de perder 1 vez es del 50% (muy alta)

+ La probabilidad de perder 2 veces seguidas es del 25% (alta)

+ La probabilidad de perder 3 veces seguidas es del 13% (importante)

+ La probabilidad de perder 5 veces seguidas es del 3% (no despreciable)

+ La probabilidad de perder 10 veces seguidas es del 1% (casi despreciable)

+ La probabilidad de perder 20 veces seguidas es del 0.0001% (casi imposible)

---

Por otra parte, estadísticamente y según el porcentaje arriesgado en cada operación, podremos determinar el nº de veces que tendríamos que perder consecutivamente antes de reducir a la mitad nuestra cuenta.

Nos evitaremos los pasos intermedios, los resultados son los siguientes:

| % de capital arriesgado en cada operación | Nª de pérdidas consecutivas para reducir nuestra cuenta a la mitad |
|---|---|
| 1 % | 68 |
| 2 % | 34 |
| 3 % | 22 |
| 4 % | 16 |
| 5 % | 13 |
| 6 % | 11 |
| 7 % | 9 |
| 8 % | 8 |
| 9 % | 6 |
| 10 % | 3 |

Como ves es muy importante la gestión del capital para mantenerte a la larga en el mercado, pues por ejemplo , si sólo arriesgamos un 1% de nuestro capital en cada operación, tendríamos que perder hasta 68 veces consecutivamente antes de ver reducida nuestra cuenta a la mitad y eso es algo bastante improbable que suceda dado que como vimos antes la probabilidad de perder 20 veces seguidas es del 0.0001% (casi imposible)

… y estamos hablando de  perder al menos 68 veces seguidas para reducir la cuenta a la mitad lo cual prácticamente lo hace  un suceso inviable con 0,00000… % de probabilidades de ocurrencia.


Por otra parte al operar sólo con una mínima parte de nuestro capital como es  gestionar un 1 ó un 2% de la cuenta, tanto las ganancias como las perdidas no  supondrán mucha cantidad. Sin embargo  tenemos el control estadístico de nuestra operativa y ello nos asegura operar sin tanto estrés y casi erradicar el temor  a perder la cuenta en unos pocos trades y ser rentables en largo plazo, ya que a la larga  estas pequeñas cantidades irán sumando. Es así como se llega a la consistencia.


Fíjese en el miedo cuando aparezca, no lo ignore, no se obsesione con ganar, estudie, y practique sus estrategias y sobre todo, concéntrese en el Presente.

- **La Esperanza**

En la tradición cristiana, la esperanza es una de las tres virtudes teologales, junto con la fe y la caridad y tiene su significado, su sentido y su razón de ser.

Sin embargo en FOREX la esperanza es uno de los mayores enemigos del trader.

El principal obstáculo que encuentran los traders recién llegados al mercado FOREX es la abrumadora cantidad de información que puede encontrarse en Internet sobre el trading. Los materiales formativos disponibles están compuestos en su mayoría por información sin un orden particular y resultan muy difíciles de descifrar para un trader sin experiencia. Y como resultado, muchas personas se lanzan al trading sin haber asimilado el conocimiento necesario, armados sólo con la esperanza de tener suerte en FOREX.

La esperanza es el sentimiento más fuerte que posee el ser humano, y es la responsable de los errores fatales de no seguir un plan de trading o no respetar un riesgo predefinido una vez la operación no evoluciona favorablemente porque este sentimiento tan fuerte nos dice que sí, que seguro que finalmente el mercado se va a mover a nuestro favor. Y eso en FOREX es un error muy grande que se traduce en pérdidas lamentablemente con bastante más frecuencia de la que nos gustaría.

No podemos ni debemos evitar este sentimiento tan humano y natural, pero lo que si podemos es ser conscientes de él y no permitir que se inmiscuya en nuestra operativa, esto lo podemos conseguir elaborando nuestro Plan de Trading y ajustándonos a él.

## • No pensar en términos estadísticos

Los traders muestran una falta de pensamiento estadístico cuando consideran los resultados de una sola operación de forma aislada. Ello les hace creer, en ocasiones, que se pueden controlar los resultados dictados por el azar.

Incluso consideran que aprenderán a predecir los movimientos del mercado y eso es del todo imposible, (pues la variación del precio únicamente depende del volumen negociado y del flujo de órdenes en un momento dado, no de que se mueva tal o cual indicador, o cambie de color tres veces) y créeme, podemos conocer las ordenes que hay expuestas al mercado en un momento dado conociendo la profundidad del mercado y el libro de órdenes[17]de los que hablaremos más adelante.

Sin embargo lo que no sabemos es cómo, cuándo, dónde y en qué momento van a entrar las manos fuertes al mercado, por tanto sólo nos queda trabajar con un juego de probabilidades y un sistema basado en el seguimiento del precio en el pasado(análisis en backtest), que aunque no garantiza rentabilidades futuras, nos puede dar una idea aproximada de lo que hizo el precio en el pasado en escenarios similares al actual, lo cual puede proporcionarnos una ventaja probabilística respecto a otros en nuestra operativa.

Ten en cuenta además que en FOREX el volumen expuesto siempre será algo aproximado al no ser un mercado centralizado y no disponer de data

---

[17] El libro de ejecuciones, la profundidad de mercado y el flujo de órdenes. En la Profundidad de Mercado, el término conocido en inglés por las siglas DOM (Depth of Market), se muestra la información sobre las órdenes de compra y venta para cada instrumento financiero por los mejores precios que haya en este momento dado (los precios más cercanos al precio de mercado).

global, no así por ejemplo en el mercado de futuros de FOREX, donde se puede conocer el volumen de transacciones real y que en ocasiones se utiliza para darnos una idea aproximada de lo que hará el precio)

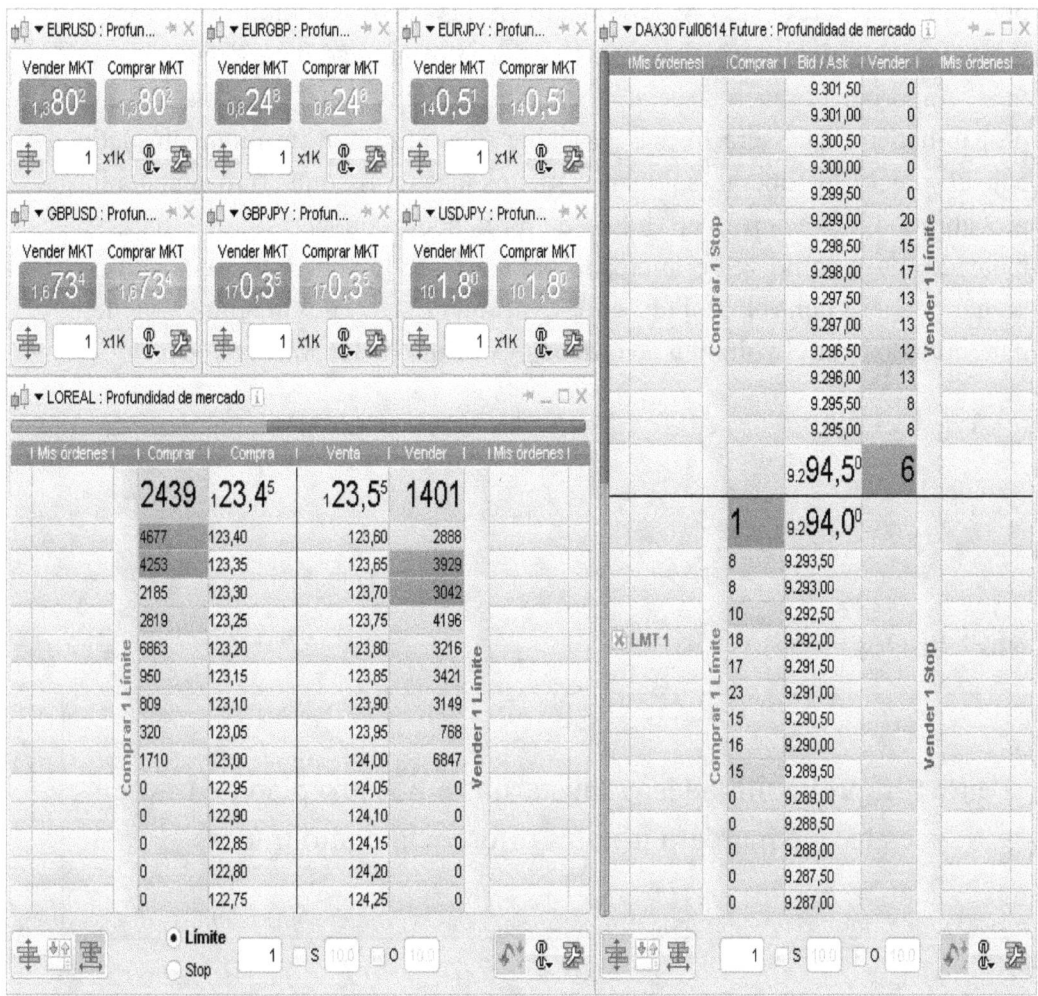

Ejemplo de Profundidad de mercado en el software Prorealtime®.

Podemos igualmente suponer que el precio ira arriba y abajo - pues el negocio del mercado consiste en especular: comprar barato y vender caro y para eso el precio debe fluctuar-.

No obstante podemos extraer mucha información del análisis técnico de los gráficos y las formas de chartismo[18] creadas en ellos, aún así , tanto si utilizamos las graficas del precio para nuestro análisis y nuestra operativa - pues todo queda reflejado y descontado en las gráficas- como si utilizamos indicadores gráficos o niveles superiores de profundidad del mercado, es de vital importancia acercarse al mercado FOREX con un pensamiento probabilístico ( qué será lo más probable que ocurra en un momento dado con el precio )y operar sólo en aquellos casos en que haya una alta probabilidad de acierto, en lugar de pretender conocer lo que hará el mercado, pues como ves el mercado hará lo que le venga en gana y tu no podrás tener control sobre ello, ya que sus movimientos vienen determinados por el volumen de órdenes y el flujo de las mismas.

RECUERDA:

Pensar en probabilidades y ajustarnos a nuestro plan de trading es lo que marcará nuestra diferencia como traders

---

[18] El Análisis Gráfico o Chartismo radica exclusivamente su estudio en las figuras que dibujan las cotizaciones en un gráfico (chart) y aunque forma parte del análisis técnico no debe confundirse ambos términos.

Operar en FOREX -y ser rentable de forma consistente- es una cuestión no tanto de acertar lo que haga el mercado (en un campo tan instrumentalizado y manipulado) sino más bien de poner a trabajar las probabilidades a tu favor, es decir tener más operaciones ganadoras que perdedoras en tu operativa, de manera que la suma de todas ellas produzca un resultado positivo.

El control de tus emociones durante la ejecución de tus procedimientos y el ajustarte a tu operativa de forma meramente racional y lógica es francamente importante en un campo con un desarrollo de lógica tendencial y de estructura matemática y cuántica.

Por tanto la disciplina y el férreo seguimiento de tu plan de trading, (no desviándote de lo establecido en él) son fundamentales para el desarrollo de la consistencia en el trading.

---

*"Del Psicotrading depende el éxito o el fracaso de tu operativa, determina la supervivencia de tu cuenta y faculta tu desarrollo como trader".*

*Isabel Nogales*

---

### 1.6- Determinantes del éxito en el FOREX

Existe una serie de elementos necesarios en el FOREX que son los que determinan que podamos tener éxito en los mercados cambiarios y en nuestra la operativa a largo plazo. Entre otros son de vital importancia los siguientes:

➢ **La Consistencia**:

Para conseguir la deseada Curva de consistencia en FOREX debemos a poner a trabajar de forma conjunta y en equilibrio una serie de recursos, que están intrínsecamente relacionadas entre si y ponerlos a trabajar a nuestro favor, coordinando nuestros conocimientos y habilidades y teniendo la disposición de querer seguir aprendiendo el resto de nuestra vida con el fin de poder ajustarnos a los cambios que se produzcan en los mercados. Sin lograr este equilibrio será complicado hacer del trading nuestra forma de vida.

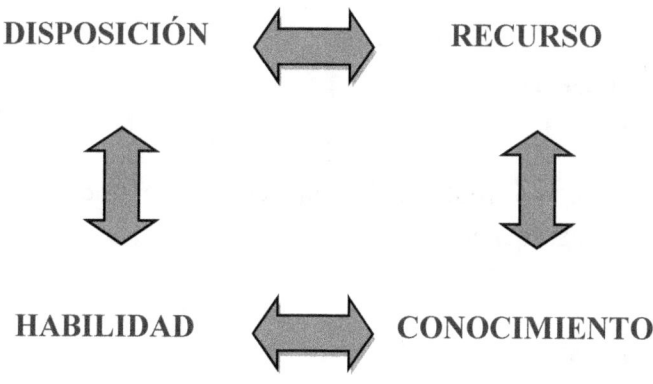

Analicemos cada uno de ellos por separado:

# 1. Los Recursos

## 1.1. El Tiempo

### 1.1.1. De aprendizaje teórico( nos puede llevar entre 6-9 meses mínimo conocer el cuerpo teórico que comprende el mercado FOREX y su operativa)

### 1.1.2. De adquisición de habilidad práctica :observación de los mercados( nos puede llevar entre 9 meses a un año y medio mínimo adquirir la destreza necesaria para ejecutar con éxito el cuerpo práctico que comprende el mercado FOREX y su operativa)

## 1.2. El Capital operativo

El Capital inicial con el que fundar una cuenta de trading acorde a nuestra relación riesgo/beneficio.

El mínimo ideal sería en torno a 5000 a 10000 dólares o euros para una operativa de corto y medio plazo y superior a este monto en caso de plantearnos horizontes temporales más cercanos.

Con el fin de no arriesgar todo el capital de inversión del que disponemos poniéndolo "todos los huevos en una misma canasta"[19] o instrumento de inversión, nuestro capital operativo en FOREX no debería suponer más del 20% de nuestro capital total destinado a inversión. (Ello se fundamenta en los principios de ahorro e inversión personales. Si utilizamos un único instrumento financiero y ponemos todo nuestro dinero destinado a la inversión en él corremos un gran riesgo ya que el 100 % de los resultados depende de una única opción, al no estar diversificado entre las diferentes opciones que podamos tener.

Esto no sólo se aplica al capital inicial que ingresamos a través de una casa broker, por ejemplo, sino a los bancos con los que nos financiemos la operativa, los instrumentos financieros con los que operemos, los intermediarios que utilicemos a la hora de los cobros, etc. Es importante no limitarse a diversificar solo el riesgo de contrapartida (el banco que gestiona el producto), sino también el tipo de producto.

Piensa un poco:

Si tenemos todos nuestros ahorros en una cuenta pero con un solo broker (por muy importante que sea), o un banco o intermediario de gestión, cualquiera de ellos podría ir a la quiebra, haciendo difícil o imposible

---

[19] "Nunca poner los huevos en la misma canasta" es una frase muy conocida en países de habla hispana, Cuando se usa en términos empresariales se hace para indicar que no se debe invertir en un solo producto o una sola empresa, que no se debe ahorrar en una sola moneda o usando un mismo método.

recuperar el dinero (muchos de los depósitos bancarios están garantizados hasta 100.000 $ por parte del fondo de compensación, dependiendo de la regulación de cada país).

En las casas broker las cuentas de los clientes individuales que no participan en un fondo, deberían estar estan segregadas, es decir separadas, por tanto aunque la corredora quebrara, estos fondos deberían ser respetados y devueltos al cliente, (a pesar de que ello sea extremadamente difícil por una empresa que soporta una quiebra y entra en bancarrota) si está regulada es posible que pueda acogerse legalmente a la ley concursal o al fondo de compensación etc.

Es el caso de una corredora con bastante prestigio y reputada solvencia, que recientemente ha confirmado proceso de quiebre (tras las decisiones del Banco nacional suizo respecto a su moneda el franco suizo CHF el pasado 16 de Enero de 2015) y como se sucede la compensación de los fondos de clientes en cuentas segregadas.

Dicha Corredora hizo público el siguiente comunicado en su web ese mismo día:

*"El reciente movimiento del Franco Suizo, debido a las inesperadas políticas tomadas por el Banco Nacional Suizo, ha generado un alto nivel de volatilidad y una extrema falta de liquidez. Esto ha llevado a que la gran mayoría de clientes tenga pérdidas significativas que han superado el nivel de sus cuentas. Cuando un cliente no puede cubrir sus pérdidas, esta es cubierta por nosotros. Esto ha forzado a Alpari (UK) Limited a confirmar hoy día, 16/01/15, que la empresa ha entrado en insolvencia. El fondo de los clientes retail continúa separado en cuentas segregadas según las normas de la FCA."*

Esto quiere decir que los fondos de los clientes individuales (operadores retail) no se verán afectados a medida que el bróker se prepara para dejar el negocio.

Como ves hay más tela que cortar que la que se ve en el escaparate.

Mi consejo es que si quieres actuar con prudencia, nunca operes a través de una única corredora: diversifica los riesgos; así como nunca pongas la totalidad de tu capital en manos de la casa broker. (Menos aún en manos de una sola corredora y a través de un banco que le pertenezca).

Es evidente que necesitas ése capital inicial, especialmente para darle sentido a tu gestión de capital en tu operativa ( menos de un 1-2% del capital disponible con el fin de permitirte seguir operando en el mercado a pesar de que tengas que soportar una serie de perdidas consecutivas en tu cuenta) y también es interesante disponer de él con el fin de disponer un "colchón" que de cobertura a tu cuenta en caso de que exista una llamada de "margin call"[20] por parte de tu corredora, pero no necesariamente ese dinero tienen que estar dentro de la casa broker, o en sus arcas, sino que puedes resguardarlo y tenerlo la disposición en una cuenta corriente con garantías bancarias en otra entidad regulada que te permita la liquidez suficiente en caso de tener que movilizar tu dinero. (Por ejemplo, muchos de

---

[20] El margin call es una situación que se da en mercados en los que se opera con margen, es decir, en aquellos en los que se utiliza apalancamiento. El margin call se produce cuándo el margen libre en la cuenta cae por debajo del margen mínimo requerido por el broker para cubrir las posiciones que el trader tenga abiertas. Cuándo se produce la llamada de margen el inversor tiene que aumentar el margen de su cuenta, lo cual puede realizarlo mediante la adición de nuevos fondos o mediante el cierre de posiciones. Si el trader no lleva a cabo este aumento de margen el broker puede cerrar las posiciones del trader, ya sean posiciones con beneficios o con pérdidas. Por lo general, es el propio sistema del broker el que realizará el margin call de forma automática cuándo el margen libre caiga por debajo de los requerimientos de margen.

los depósitos bancarios en EEUU y Canadá están garantizados hasta $100,000 y te dan una rentabilidad añadida).

Así debemos igualmente tener en cuenta que si todo nuestro dinero está colocado en una sola moneda, la misma podría devaluarse frente a otras monedas. Para evitar esto debemos diversificar operando diferentes pares (ojo, cuidado con eso, pues si no seleccionas adecuadamente los pares en los que abres operaciones podrías duplicar la operativa, al tener esos pares un comportamiento muy similar. Escoge aquellos pares que no tengan correlación a la hora de tradear simultáneamente (salvo que esto forme parte de tu operativa).

Al diversificar nuestra "canasta de huevos" construimos lo que se llama un "portafolio de inversión y así disminuimos nuestro riesgo de quiebra, ya que prorrateamos a la media las pérdidas y ganancias producidas entre los diferentes vehículos de inversión. Esto quizás haga que nuestro R.O.I. (retorno sobre la inversión) se vea mermado, y crezca a menor ritmo que el deseado, sin embargo los riesgos habrán sido balanceados entre las diferentes opciones y disminuidos.

## 1.3. El Entorno de trabajo

### 1.3.1. Donde operaremos:

(Si disponemos de un espacio separado y estructurado en el propio domicilio similar a un despacho propio, una oficina a nivel comercial, o nuestro ordenador será nuestra oficina virtual al mercado).

En este caso cabe destacar - debido a la estructura del mercado, sus necesidades operativas, la línea de trabajo disciplinada que requiere, las condiciones psicológicas que se precisan a la hora de operar con ciertas garantías, etc. - de manera especial si deseamos consistencia en el tiempo, que lo ideal sería disponer de un espacio propio, independiente y estructurado, tranquilo, donde pudiéramos tener una plataforma operativa y cercana a ella, de manera accesible, todas aquellas herramientas facilitadoras de la misma.

1.3.2. Cómo vamos a operar:

Determinaremos si seguiremos un sistema u operaremos o de forma discrecional, aleatoria, emocional... Ocasionalmente, de manera estructurada, o formalmente y con un sistema definido;

¿Qué tipo de sistema?, temporalidad en la que operaremos, tipo de operador, ¿Cual va a ser nuestra estrategia?, ¿Seguimos un plan de trading?

El trading será para nosotros un hobby, o una profesión: (Operador ocasional, jornada laboral, etc.).

1.3.3. Qué instrumento financiero vamos a operar: Spot, Futuros, Opciones…, etc.

1.3.4. Cuanto tiempo dedico a operar

1.3.5.

Aquí determinaremos el horario que vamos a dedicar a la operativa diaria, semanal o mensual)

1.3.6. <u>Recursos Materiales</u> :

1.3.6.1. Línea ADSL, software y ordenador, varias pantallas Línea ADSL sistema operativos…

Hardware: Aquí debemos determinar que tipo de hardware vamos a utilizar a la hora de operar si una plataforma móvil como tablet, app. móvil, o plataforma fija de sobremesa, ordenador portátil, etc.

Línea ADSL: Con qué operador contratar, que capacidad y velocidad será necesaria, si será una línea privada o pública: oficina e trabajo, biblioteca, locutorio…, etc.

TFT o pantalla clásica, una o varias, etc.

Sistema operativos: Linux, Windows…, Java (limitaciones y compatibilidades con nuestra plataforma operativa).

Otros: S.A.I. (sistema de alimentación ininterrumpida) Los SAI dan energía eléctrica a equipos llamados cargas críticas, como pueden ser aparatos médicos, industriales o informáticos que, requieren tener siempre alimentación y que ésta sea de calidad, debido a la necesidad de estar en todo momento operativos y sin fallos (picos o caídas de tensión).este tendrá que tener preferiblemente potencia suficiente y disponer de una batería que aguante el tiempo suficiente para garantizar que no haya cortes en el suministro eléctrico que den al traste con nuestra operativa cuando estemos operando en los mercados.

### 1.3.6.2. <u>Plataforma de acceso al mercado:</u>

Debemos determinar que tipo de plataforma utilizaremos

1.3.6.2.1. Meta-Trader, 4.0 y 5.0, Pro, etc.

1.3.6.2.2. Virtualchart

1.3.6.2.3. Prorealtime

1.3.6.2.4. NinjaTrader

1.3.6.2.5. Plataforma web: java, etc.

1.3.6.2.6. Aplicaciones móviles: app., etc.

1.3.6.2.7. Bróker telefónico

1.3.6.2.8. Otras

## 2. <u>Los Conocimientos</u>

2.1. Básicos y/o avanzados

2.1.1. <u>Capacitarnos en el mercado:</u>

2.1.1.1. Operatividad básica: "Comprar barato, vender caro". Reconocer los ciclos del mercado (zonas de acumulación –distribución, consolidaciones en busca de liquidez, etc.)

2.1.1.2. Mercados y tipos de instrumentos financieros, Análisis técnico y fundamental, Tiempos tipos de grafico y su operativa, sistemas de trading automático o manual

2.1.1.3. Tíming del mercado, sentimiento y ritmo del mercado, Conocer lenguaje del precio, conocer los principales indicadores, y sistemas, etc.

2.1.1.4. Profundizar en la importancia y aplicación del volumen de las transacciones en la operativa.

2.1.1.5. Gestión de capital y manejo de riesgo.

2.1.1.6. Plan de trading.

2.1.1.7. Diario de trading.

2.1.1.8. Otros: Cálculos estadísticos: esperanza matemática de un sistema de trading, probabilidades… etc.

2.1.2. Capacitación operativa de la plataforma que utilicemos.

2.1.3. Capacitación en la Aplicación de Psicotrading.

2.1.3.1.  Inteligencia emocional: control de emociones

2.1.3.2.  Disciplina en la estrategia.

2.2. <u>De la operativa gráfica:</u>

2.2.1. Conocer los ángulos en los que trabaja el mercado, la dinámica, la directriz. Profundizar sobre Sistemas logarítmicos y sistemas cuánticos aplicados a FOREX.

2.2.2. Gestionar el trade: entradas y salidas, manejo de stops, take profits, trailling stops, etc. en soportes y resistencias horizontales y dinámicas y otras estructuras graficas.

2.2.3. Conocer cómo operar en rangos, gaps, roturas de canales, apertura y cierre de mercados, formación de figuras chartistas, etc.

2.2.4. Identificar probabilidades a nuestro favor en zonas estratégicas, recopilación de datos históricos en base a back test retro y proactivo.

2.2.5. Identificar oportunidades de inversión en los diferentes mercados.

2.2.6. Saber cuánto arriesgar y cuando hacerlo: Manejo de capital.

2.2.7. Gestión del riesgo: Saber cuando participar y cuando quedarse al margen.

2.2.8. Revisión y Retroalimentación( Feed-back), saber como medir tu progreso:

2.2.8.1. Registrar la operativa mediante un Diario de Trading.

2.2.8.2. Analizar la operativa, para aprender de los errores y corregirlos.

2.2.8.3. Planificar la operativa futura

2.2.9. Aplicación de Psicotrading:

2.2.9.1.1. Control emocional

2.2.9.1.2. Disciplina

➢ **Las Habilidades**

Entre las habilidades de las que debemos disponer se encuentran:

1. Tener un Sistema o Plan de Trading y ser fiel a ese sistema.

2. Disciplina: Reglas, Perseverancia y Auto-exigencia.

3. Aprendizaje y capacitación permanente ya que los mercados son variables.

4. Flexibilidad para poder ajustarse a los cambios tecnológicos y a la variabilidad operativa de los mercados

5. Paciencia: Luchar contra  los miedos y doblegar la impulsividad.

> **Disposiciones**

Como operadores debemos disponer de voluntad hacia el mercado  que nos permita:

1. Perseverancia para no abandonar cuando las circunstancias nos sean adversas.

2. Constancia en la operativa y en el tiempo y la dedicación al FOREX con tal de producir una estabilidad  y equilibrio en nuestro modo de trabajo.

3. Disposición para conocerse así mismo y cambiar lo que no funcione o esté mal y  así poder evitar que aquello que nos define como humanos no afecte especialmente en nuestra operativa.

# Capítulo 2

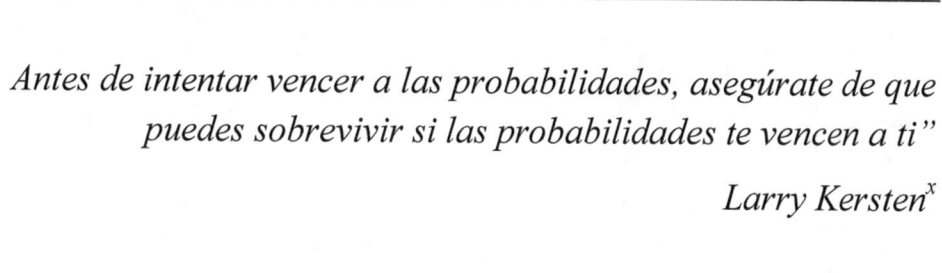

*Antes de intentar vencer a las probabilidades, asegúrate de que puedes sobrevivir si las probabilidades te vencen a ti"*

*Larry Kersten[x]*

## 1.1. ¿Qué es el FOREX?

FOREX es acrónimo es Foreing Exchange cuya correspondencia en idioma español es intercambio de moneda extranjera.

Como bien dijimos en el prólogo de este libro, el mercado de divisas es un mercado extrabursátil (over the counter', OTC) lo cual significa que no hay una bolsa central y una cámara de compensación donde las órdenes sean negociadas. Los corredores de FX y creadores de mercado de todo el mundo son conectados las 24 horas del día mediante teléfono, computadora y fax, creando un mercado interconectado. No hay un lugar centralizado al cual podemos solicitar registros de todas las operaciones ni existe un único creador de mercado, sino muchos. Cada creador de mercado registra sus propias operaciones y las mantiene como información propietaria. Los creadores de mercado primarios que ofrecen horquillas de precios de compra y venta en el mercado de divisas son los bancos más grandes del mundo. Lo cual literalmente significa que los bancos están continuamente negociando entre sí, ya sea en su nombre o en el de sus clientes.

Los principales centros de negociación son: London, New York, Australia y Tokio.

- <u>Horarios</u>

El mercado sólo se toma un descanso los fines de semana, de modo que cierra el viernes al cierre de la sesión del mercado americano sobre las 22 h (horario GTM+0) y vuelve a abrir el domingo por la tarde con la apertura de los mercados asiáticos y posteriormente abren los mercados europeos y finalmente abren los mercados americanos. Esto significa que puedes abrir o cerrar posiciones desde el domingo a las 5:00 PM EST cuando Nueva Zelanda inicia operaciones hasta el viernes a las 5:00 PM EST cuando San Francisco termina operaciones.

Cada centro financiero (ya sea americano, europeo asiático, etc.), mantiene su sesión abierta durante horarios comerciales locales de su país, normalmente entre las ocho de la mañana a 5 de la tarde hora local, sin embargo el mercado FOREX esta descentralizado, es un mercado "over the counter" negociada a través de medios electrónicos, las 24 horas del día.

Simplemente los diferentes centros negociadores principales van conectándose al sistema network on-line, entrando y saliendo de este entramado de de los mercados según sus horarios.

Normalmente cuando se cierra la sesión en uno de los centros financieros, ya está otro principal operativo.

En ocasiones las sesiones de los diferentes centros financieros solapan sus horarios de intervención en el mercado lo cual se refleja con un mayor volumen negociado, mayor liquidez del mercado y por ende, mayor volatilidad asociada a los pares más operados en esos momentos.

Ello también genera mayores oportunidades de especulación en dichos mercados en los horarios solapados, ya que al haber mayor volatilidad los mercados se moverán más rápidamente los precios entre dos rangos, generando más oportunidades de inversión de comprar barato y vender caro.

Horario del Mercado FOREX

|  | Apertura | Cierre | Hora local |
|---|---|---|---|
| Sydney | 8:00 am | 5:00 pm | De Sídney |
| Tokio | 9:00 am | 6:00 pm | De Tokio |
| Londres | 8:00 am | 5:00 pm | De Londres |
| Nueva York | 8:00 am | 5:00 pm | De nueva York |

Horarios de las diferentes sesiones del mercado FOREX (España GTM+1)

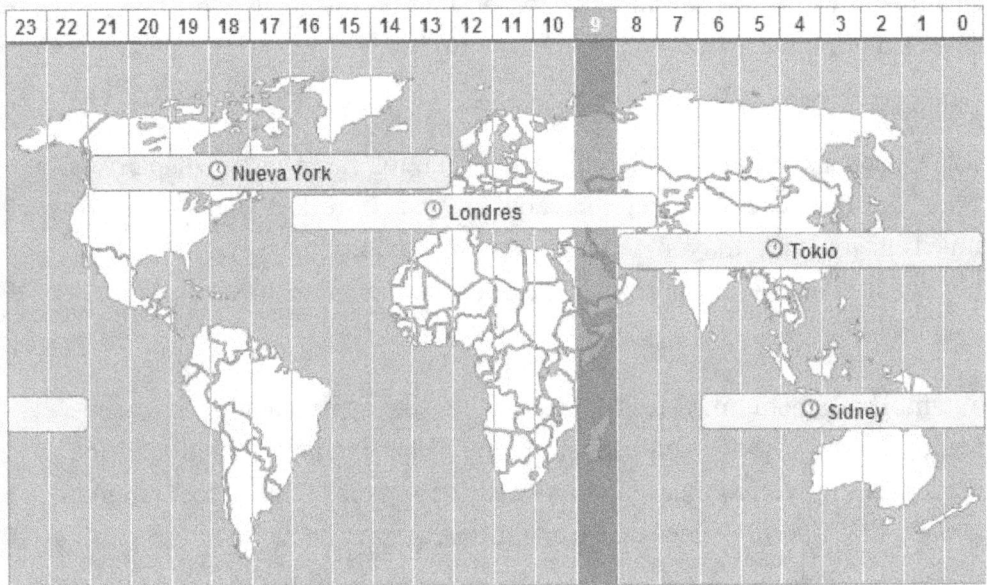

Extrapolándolo al horario americano tendríamos los siguientes horarios y solapes entre las diferentes sesiones principales. (GTM-6)

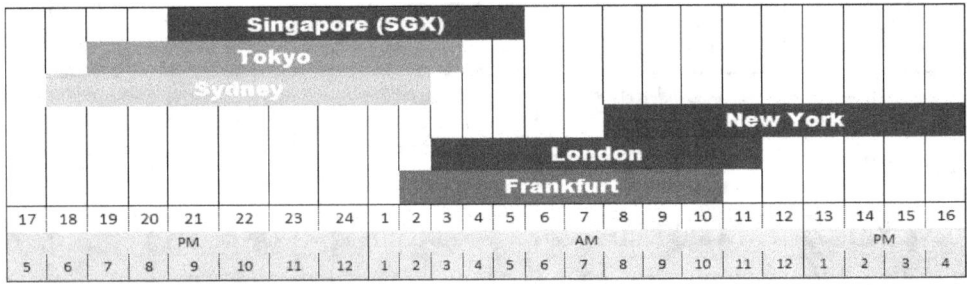

❖ *Estos horarios están basados en la hora del Este de Estados Unidos.*

Comparativa entre FOREX, FUTUROS y STOCKS (mercado de renta variable)

| | FOREX | Stocks ( acciones de variable) | FUTUROS |
|---|---|---|---|
| ESTRUCTURA | Descentralizado (OTC ) | centralizado y OTC (over the counter) | centralizado |
| VOLUMEN aprox. | 3 trillones de $ diarios | 300 billones $ diarios | 600 billones $ diarios |
| TASAS | spread | Spread + comisiones + tasas adicionales | Spread + comisiones + tasas adicionales |
| HORARIO | 24 h 5 días por semana | Típicamente de 9 a 16 h Días lectivos L a V | Típicamente de 8 a 3 h Días lectivos L a V |
| APALANCAMIENTO | Hasta 500:1 ó superior | 2:1 | 10:1 |

- **¿Cuánto dinero mueve el FOREX?**

Para responder a esta pregunta permíteme hablarte del BIS ya que es un organismo bastante desconocido para la mayoría de los ciudadanos. El es el que se encarga entre otras cosas de realizar las encuestas institucionales acerca de la inversion en los instrumentos financieros como en el caso de FOREX, recopilando datos de los bancos centrales ante los que actúa como super-intendente.

El BIS es un banco de bancos, el Banco Internacional de Pagos (BIS por sus siglas en inglés) fundado en 1930 por "Los Acuerdos de la Haya". Su sede está en Basilea, Suiza.

El BIS colabora estrechamente con el FMI ( Fondo Monetario Internacional) y ejerce su autoridad sobre el sistema financiero internacional. En realidad se trata de un Súper-Banco Central privado integrado por Bancos Centrales de todo el mundo. Desde su fundación, el BIS está controlado por seis Bancos Centrales: la Reserva Federal de Estados Unidos y el Banco de Japón (los dos son entidades privadas) y los cuatro Bancos más importantes de Europa, los de Alemania, Francia, Inglaterra e Italia, hoy integrados en el Banco Central Europeo, todos los cuales nacieron también como instituciones privadas.

Sin embargo en la historia del BIS se encuentran temas tan delicados como la expoliación de activos durante la 2º Guerra Mundial.

Así Después de la Segunda Guerra Mundial, en 1944, en la Conferencia de Bretton Woods, el BPI llegó a ser la clave en una lucha entre la delegación estadounidense, y la delegación británica, Estos últimos intentaron vetar la disolución del banco. Dado que el BPI había ayudado a los alemanes a expoliar los activos de los países ocupados durante la Segunda Guerra Mundial, la Conferencia Monetaria y Financiera de Naciones Unidas recomendó la liquidación del BPI tan pronto como fuera possible, pero esta finalmente no se realizó. Con la defensa de la delegación británica, la disolución del banco fue suspendida hasta después de la muerte de Rooselvelt. En abril de 1945, los británicos y el nuevo presidente estadounidense, Harry S. Truman, pararon la disolución del BPI. Así el BIS  se terminó definiendo como organización de los bancos centrales.

El BIS busca hacer que la política monetaria sea más predecible y transparente para los 55 bancos centrales que son miembros. Mientras que la política monetaria queda determinada por cada Estado soberano, está a su vez sujeta a la actividad de los bancos centrales y privados, y potencialmente a la especulación que pudiera afectar a la tasa de cambio, así como al destino de las exportaciones.

Tras esta pequeña introducción sobre el BIS (que es el estamento que realiza las encuestas respecto al mercado FOREX de manera trienal) te facilito algunos datos de la última encuesta de septiembre 2013 que indica , entre otras cosas ,que en sólo 15 años, (desde 1998 hasta 2013) el mercado FOREX no sólo ha crecido increíblemente en participación, quintuplicado el volumen de capital invertido por este instrumento financiero,, sino que además convierte al FOREX en el mercado con mayor liquidez conocido , operándose en él diariamente más de ¡¡ <u>5 billones de dólares americanos !!</u>

Teniendo en cuenta que

$$1 \ billón = 10^{12} = 1\ 000\ 000\ 000\ 000$$

Haz tus cálculos.

Para que te hagas una idea la cifra del PIB en el tercer trimestre de 2014 fue de 3.319.214 millones de euros, con lo que Estados Unidos se situaba como la primera economía del mundo en cuanto a PIB se refiere. Pues el FOREX mueve <u>ni nada más ni nada menos que *un millón y medio de veces el valor del producto interior bruto de EEUU* **¡¡En un solo día!!**</u>

## Global foreign exchange market turnover

Net-net basis,[3] daily averages in April, in billions of US dollars                                    Table 1

| Instrument | 1998 | 2001 | 2004 | 2007 | 2010 | 2013 |
|---|---|---|---|---|---|---|
| Foreign exchange instruments | 1,527 | 1,239 | 1,934 | 3,324 | 3,971 | 5,345 |
| Spot transactions | 568 | 386 | 631 | 1,005 | 1,488 | 2,046 |
| Outright forwards | 128 | 130 | 209 | 362 | 475 | 680 |
| Foreign exchange swaps | 734 | 656 | 954 | 1,714 | 1,759 | 2,228 |
| Currency swaps | 10 | 7 | 21 | 31 | 43 | 54 |
| Options and other products[2] | 87 | 60 | 119 | 212 | 207 | 337 |
| Memo: | | | | | | |
| Turnover at April 2013 exchange rates[3] | 1,718 | 1,500 | 2,036 | 3,376 | 3,969 | 5,345 |
| Exchange-traded derivatives[4] | 11 | 12 | 26 | 80 | 155 | 160 |

[1] Adjusted for local and cross-border inter-dealer double-counting (ie "net-net" basis). [2] The category "other FX products" covers highly leveraged transactions and/or trades whose notional amount is variable and where a decomposition into individual plain vanilla components was impractical or impossible. [3] Non-US dollar legs of foreign currency transactions were converted into original currency amounts at average exchange rates for April of each survey year and then reconverted into US dollar amounts at average April 2013 exchange rates. [4] Sources: FOW TRADEdata; Futures Industry Association; various futures and options exchanges. Foreign exchange futures and options traded worldwide.

Ilustración por cortesía de BIS (Banco Internacional de Pagos).

Londres es el centro mundial de negociación de divisas, durante la session europea se negocia el mayor volume operativo con cerca de un 40% de los 5,3 billones de dólares que se negocia a diario en promedio( Londres negocia el 31% del gran total. Si se suman países como Alemania, Francia y Suiza, el trading europeo con divisas corresponde en total a más del 40% del volumen de negociación con estos activos).

Le sigue   por volumen la session de Nueva York con casi un 20% y posteriormente los mercados de Tokyo. La negociación durante la session de Sidney supone tan solo un 5% de la cuota del mercado, es por eso que hay mayors oportunidades de especulación durante la session europea, mientras que durante las sesiones asiáticas y del pacífico la volatilidad del mercado es sustancialmente menor lo que se traduce en un movimiento en rango o formando pequeñas correcciones sobre la tendencia principal mantenida durante las sesiones Europea y Americana.

- <u>Distribución de participación de las divisas en las negociaciones.</u>

También hay que tener en cuenta que algunos pares que son más transados activamente que otros. En su negociación encontraremos frecuentemente oportunidades de especulación debido a su mayor liquidez y volatilidad.

Es por ello que resulta interesante conocer la distribución de participación de las divisas en las negociaciones siendo la siguiente:

Distribución de divisas por volumen de negocios en el mercado FX

| Rango | Divisa | Código ISO 4217 (Símbolo) | % Porcentaje (Abril de 2013) |
|---|---|---|---|
| 1 | Dólar estadounidense | USD ($) | 87% |
| 2 | Euro | EUR (€) | 33.4% |
| 3 | Yen japonés | JPY (¥) | 23.0% |
| 4 | Libra esterlina | GBP (£) | 11.8% |
| 5 | Dólar australiano | AUD ($) | 8.6% |
| 6 | Franco suizo | CHF (Fr) | 5.2% |
| 7 | Dólar canadiense | CAD ($) | 4.6% |
| 8 | Peso mexicano | MXN ($) | 2.5% |
| 9 | Yuan chino | CNY(yn) | 2.2% |
| 10 | Dólar neozelandés | NZD ($) | 2% |
| 11 | Corona sueca | SEK(kr) | 1.8% |
| 12 | Rublo ruso | RUB (pyб) | 1.6% |
| 12 | Wŏn surcoreano | KRW (₩) | 1.4% |
| 13 | Dólar de Singapur | SGD ($) | 1.4% |
| | | Otras | 36% |
| | | **Total** | **200%** |

Ilustración cortesía de Wiki pedía

- <u>¿Qué se negocia en el mercado FOREX?</u>

Las divisas se negocian por pares relacionados XXX/YYY donde la cotización de una de ella (que llamaremos moneda base) se determina en relación a la otra (a la que llamaremos moneda contraparte).

La compra de una de las divisas de un par supone automáticamente la venta de su moneda contraparte.

Te quedará más claro con un ejemplo:

Supongamos que el par EUR/USD cotiza a 1,16309

Eso significa que si compramos 1 euro nos costaría 1,16309 dólar.

Y si vendiéramos 1 dólar en esa cotización nos darían 0,859778 € a cambio de ese dólar.

1.00 EUR = 1.16309 USD

Euro ↔ Dólar estadounidense

1 EUR = 1.16309 USD     1 USD = 0.859778 EUR

## 1.2. El Origen.

El Mercado de Divisas FOREX ("Foreign Exchange ") es relativamente joven comparado con otros mercados especulativos internacionales. Tal y como lo conocemos hoy en día, se originó en 1973  con el objetivo de facilitar el flujo monetario que se deriva del comercio internacional.

El término FOREX se deriva del intercambio de palabras extranjeras, también conocida como mercado de divisas, pasando así a ser la compra o venta de una moneda a otra moneda, siendo estas valoradas frente a otras monedas del mundo.   En el Oriente Medio aparecieron los primeros comerciantes de divisas que intercambiando monedas de una cultura a otra. Durante la Edad Media, la necesidad de otra forma de dinero además de las monedas, propició la creación del papel moneda. Estas facturas en papel representaban pagos de fondos transferibles a terceros, lo que hacía que el intercambio extranjero fuera mucho más fácil entre los comerciantes. Este hecho, causó que las economías regionales comenzaran a florecer.

Desde las primeras etapas del FOREX durante la Edad Media hasta la Primera Guerra Mundial, los mercados de divisas se mantuvieron relativamente estables y sin mucha actividad especulativa  pero después de la Primera Guerra Mundial los mercados de divisas se volvieron muy inestables y la actividad especulativa se multiplicó por diez. La especulación en el mercado de divisas no fue considerada como favorable por la mayoría de las instituciones y del público en general. Había que hacer algo.

En 1944, entre otros, Estados Unidos, Gran Bretaña y Francia se reunieron en la Conferencia de las Naciones Unidas Monetarias y Financieras en Bretton Woods[21], en New Hampshire, estado al noroeste de los EEUU, para diseñar un nuevo orden económico. Esta ubicación de EE.UU. fue escogida porque, en ese momento, era el único país indemne tras la guerra ya que la mayoría de los países europeos estaban en ruinas y sus monedas también .Así .se llevó a cabo el convenio de Bretton-Woods, cuyo objetivo era dotar a las naciones de una estabilidad monetaria que evitara la fuga de capitales entre países y la especulación monetaria.

[10]Conocida formalmente como la **Conferencia Monetaria y Financiera de las Naciones Unidas,** fue la reunión de 730 delegados de los 44 países aliados en el Hotel Mount Washington para regular el monetario internacional y orden financiero La conferencia se llevó a cabo del 1 al 22 de julio de 1944. Los acuerdos fueron ejecutados después de que estableció el Banco Internacional de Reconstrucción y Fomento (BIRF, que forma parte del actual Mundial Grupo del Banco) y el Fondo Monetario Internacional (FMI).

Con anterioridad, el valor de las monedas se establecía según las reservas de oro de cada país. Este era un sistema muy inestable, debido a que provocaba ciclos de crecimiento y recesión exageradamente acentuados.

Cuando una nación se desarrollaba, compraba mercaderías importándolas, y por tanto, perdía parte de sus reservas de oro, sustento de las monedas con que se pagaba. Por tanto, se reducía la masa monetaria y el precio del dinero subía (los tipos de interés), provocando una disminución de la actividad económica hasta llegar a la recesión. Al caer la demanda interna de productos, estos bajaban su precio, volviendo a ser competitivos internacionalmente, y siendo exportados a otros países. Se entraba entonces en un patrón de crecimiento económico acelerado, con lo que la masa monetaria y por tanto las reservas de oro volvían a crecer.

Era necesario encontrar un sistema que desterrara estos modelos económicos con ciclos de crecimiento y recesión tan bruscos y breves. En definitiva, se trataba de lograr una mayor estabilidad monetaria que permitiera a su vez una sostenibilidad del crecimiento económico y una suavización de los ciclos de crecimiento y decrecimiento.

Para ello se llegó al acuerdo de Bretton-Woods, en el cual se fijaba una tasa de cambio de todas las monedas respecto al dólar, y del dólar a su vez respecto al oro, (35$ por onza de oro) o lo que es lo mismo, 26 € por cada 28 gramos. Esto se conoce como la base de oro (gold standard). Fijar el dólar al oro y la vinculación de otras monedas con respecto al dólar aportó estabilidad a la situación de la divisa mundial.

Los gobiernos se comprometieron a mantener sus monedas en un estrecho margen de variación respecto al dólar. Además, se prohibió a los Bancos Centrales de cada país la arbitraria devaluación de su moneda para conseguir competitividad de precios y aumentar las exportaciones (la devaluación máxima tolerable sería del 10%).

Pero estas condiciones no se cumplieron, puesto que en la década de los 50, la enorme actividad de reconstrucción tras la Segunda Guerra Mundial y la necesidad de bienes y servicios de una población con carencias notables, hicieron que se diera un flujo enorme de capitales a nivel internacional que desestabilizó los tipos de cambio pactados en Bretton-Woods.

Por tanto llegó el acuerdo Smithsoniano en diciembre de 1971. Este acuerdo fue similar a los Acuerdos de Bretton Woods, pero permitió un mayor margen de fluctuación de las monedas. En 1972, la comunidad europea trató de alejarse de su dependencia del dólar. El European Joint Float fue establecido por Alemania Occidental, Francia, Italia, los Países Bajos, Bélgica y Luxemburgo. Este acuerdo fue similar a los Acuerdos de Bretton Woods, aunque en él se permitieron un mayor rango de fluctuación de las divisas. Pero poco duraría su efecto pues el colapso de ambos acuerdos en 1973 significó el cambio oficial al sistema de libre flotación.

Finalmente, en 1971 se abandonó el Convenio por ser imposible su cumplimiento (no se podía soportar el cambio 35$ la onza de oro). Las monedas comenzaron a fluctuar entonces libremente, basándose en las leyes de oferta y demanda, calculándose las tasas de cambio diariamente. Aumentó notablemente el volumen de capitales en circulación, así como la velocidad y la volatilidad de las operaciones de cambio de dividas.

A partir de los años 80, la introducción de nuevas tecnologías empezó a propiciar la globalización del mercado de cambio de divisas, ininterrumpido, al pasar el mercado de Asia a América y Europa con los usos horarios de forma continua, lo que provocó un mercado abierto 24 horas.

Ya con las tecnologías de los años 90 y la aparición y extensión de Internet por todo el mundo en el nuevo siglo, el mercado de cambio de divisas se convirtió en global, continuo y accesible para todos los inversores, pasando a ser el mercado más grande por volumen de capitales implicados diariamente. Y este mercado global de compra-venta de divisas es lo que se conoce como FOREX (Foreing Exchange Currencies Market), o mercado internacional de cambio de divisas.

Omni Mount Washington Hotel. Bretton Woods

## 1.3. El Mercado.

Este mercado nació con el objetivo de facilitar el flujo monetario que se deriva del comercio internacional. El volumen diario de transacciones que lleva a mover alrededor de 5 billones de dólares estadounidenses al día ha crecido tanto que, en la actualidad, el total de operaciones en moneda extranjera que se debe a operaciones internacionales de bienes y servicios representan un porcentaje casi residual, debiéndose la mayoría de las mismas a compraventa de activos financieros [22] En consecuencia este mercado es bastante independiente de las operaciones comerciales reales y las variaciones entre el precio de dos monedas no puede explicarse de forma exclusiva por las variaciones de los flujos comerciales.

El mercado de divisas es un mercado global y descentralizado que determina los valores relativos de las distintas monedas. A diferencia de otros mercados, no hay depositario centralizado o intercambio en donde las transacciones se lleven a cabo. En su lugar, estas operaciones son

---

[22] Un activo financiero es un instrumento que canaliza el ahorro hacia la inversión. Se materializa en un contrato realizado entre dos partes, que pueden ser personas físicas o jurídicas. El comprador, que recibe el nombre de inversor, adquiere el derecho a recibir unos pagos que, en el futuro, deberán ser satisfechos por parte del vendedor del activo. Quien vende el instrumento es designado con el nombre de emisor, y recibe al transmitirlo una cantidad monetaria que le permite financiarse y que le genera la obligación de realizar unos pagos en el futuro al inversor o comprador. Por tanto, es un medio de mantener riqueza para quien lo posee y un pasivo para quien lo genera.

realizadas por varios participantes del mercado en varios lugares. Es poco frecuente que dos monedas tengan un valor idéntico el uno con el otro y también es poco frecuente que dos monedas mantengan el mismo valor relativo durante más que un corto período de tiempo. En FOREX, el tipo de cambio entre dos pares de divisa cambia constantemente y existe gran volatilidad y variabilidad en los precios, por lo que resulta ideal para la especulación financiera su compra y su venta incluso por periodos muy cortos en el tiempo.

## 1.4. Tipos de instrumentos financieros en mercado de divisas.

Mucha gente cree que FOREX es sólo el mercado de divisas al contado o también conocido como "Spot", ya que supone el segundo en volumen de negociación por detrás del negociado tipo "Swaps" y sobre todo porque es el más mediático y con el primero que te encuentras cuando incursionas por vez primera en el mercado de capitales (de hecho este libro está enfocado principalmente a la especulación de este tipo de instrumento financiero, pues es principalmente en el que yo me desarrollo). Sin embargo existe una serie de instrumentos financieros dentro del mercado de capitales que se han ido desarrollando junto al Spot y que conforman el conglomerado que expongo someramente a continuación, pero antes de ello permíteme explicarte que es un instrumento financiero pr que es la base de todo lo que te voy a explicar aquí.

Un instrumento financiero es un activo que puede ser negociado, y que generalmente se clasifica en dos categorías:

1. Instrumentos en efectivo:

    1.1. Valores, préstamos y depósitos. Son fácilmente transferibles y su valor se determina directamente por el mercado.

2. Instrumentos derivados:

    2.1. "Over The Counter" (OTC que son derivados cuyos contratos y especificaciones son hechas a la medida de las partes que contratan. En estos mercados no hay estandarización y las partes suelen fijar las             condiciones que más les favorezcan.

    2.2. Derivados negociados en mercados bursátiles.

En el caso de FOREX los instrumentos y las transacciones tienen sus propias categorías:

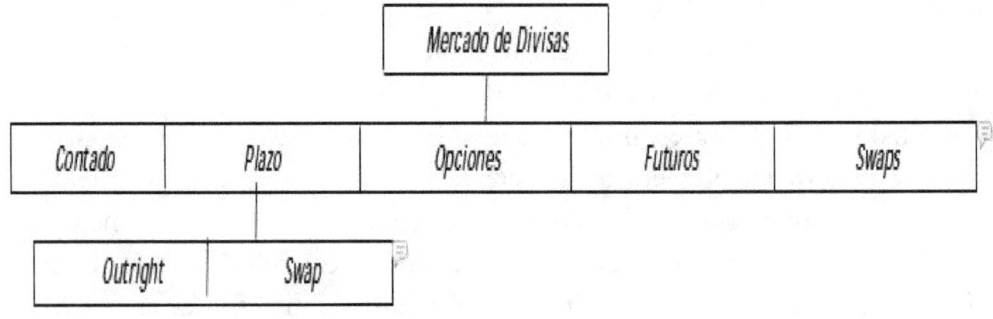

1.  Los derivados estándar :

   1.1.  Los futuros sobre tipos de cambio;( los futuros se nombrar con  el prefijo Fx seguido del par  de divisa negociada en cuestión. Ejemplo Fx EUR/USD)

   1.2. Los principales derivados OTC ("OVER THE COUNTER2):

      1.2.1.  Las OPCIONES de FOREX.

      1.2.2.  Los FORWARDS.

      1.2.3.  Los SWAPS.

      1.2.4.  Los ETFs

2.  Y los instrumentos en efectivo son las divisas al contado: SPOT

Entre los instrumentos más comunes están:

> ***SPOT*** son operaciones al contado de divisas: " .Probablemente haya sido de las primeras con las que te hayas enfrentado cuando incursionaste en el mundo del FOREX y las plataformas virtuales. Son compra-venta de divisas en las que el tiempo que transcurre desde la contratación hasta su liquidación (entrega de las divisas) no supera los dos días hábiles. (Este plazo de dos días está pensado para facilitar a las instituciones las transacciones interbancarias de adeudo y abono de las respectivas cuentas nacionales y extranjeras, principalmente).

> ***Operaciones a plazo de divisas***. Son operaciones de compra-venta de divisas en las que la cantidad y el precio de las divisas se fijan en el momento de la contratación pero la liquidación o entrega de las divisas no se realiza en el momento de la contratación sino en uno posterior, también fijado en el contrato. Este contrato se diferencia del futuro de divisas que se contrata en el mercado de derivados y de forma estandarizada. Las operaciones a plazo representan un 70% del total de las operaciones realizadas.

> ***Derivados-*** Actualmente existen derivados sobre todo tipo de activos como divisas, commodities, acciones, índices bursátiles, metales preciosos, etc.

Las principales características de los derivados financieros se liquidan en una fecha futura. Requieren de una inversión inicial muy pequeña en comparación con otros tipos de contratos, el valor de los derivados cambia en respuesta a los cambios en la cotización del activo subyacente y se pueden negociar tanto en mercados organizados como las bolsas de valores o en mercados no organizados o también denominados OTC.

**Tipos de derivados de divisas según el tipo de negociación y periodo en que se negocian:**

• ***OPCIONES.*** Llamados en inglés Foreign Exchange Options.

El mercado de opciones sobre divisas es el más profundo, grande y líquido de opciones de cualquier tipo en el mundo. Esta categoría también incluye opciones exóticas como las opciones de tipo de cambio medio y las opciones binarias, barrera, etc. Es un "Over The Counter" derivado que se negocian entre las partes a través de intermediarios y a nivel extrabursátil.

Las opciones constituyen en la práctica un contrato por el cual su comprador tiene el derecho pero no la obligación de intercambiar una cantidad de dinero denominado en una divisa, en otra a un tipo acordado previamente en una fecha determinada. Así pues, tendremos opciones de compra, (CALL) y opciones de venta (PUT)... Se dice que la opción está "in the money" (ganada) cuando el valor del activo está dentro de los parámetros que se habían determinado, y "out the Money" en caso contrario.

Nombraremos las más conocidas:

Las opciones binarias cuentan con vencimientos variados, desde una hora, hasta un día o semanas o meses, y hasta en ciertos casos pueden ser de unos 15 minutos o inferior. Es liquidada a su vencimiento sin importar cuánto el activo subyacente a variado o fluctuado en el mercado, basta que finalice la operación "in the money". Si usted ha logrado tan solo un pip a su favor será suficiente para cobrar su retorno fijo. El retorno es fijo y es predeterminado con antelación, por lo que conocerá desde un comienzo sus posibles ganancias y riesgos, esto a diferencia de las opciones tradicionales. Algunas corredoras te permiten negociarlas antes de la liquidación en condiciones específicas y tas el pago de una tasa a favor de la empresa intermediaria, aunque son una minoría.

| ID De Opción | Activo | Nivel / Tipo | Nivel De Expiración | Comprado En | Tiempo De Expiración/Venta | Cantidad | Retorno |
|---|---|---|---|---|---|---|---|
| 5364872 | Dow Jones | 9,497.114 ▲ | 9,466.960 | 17:28 08.09.09 | 18:00 08.09.09 | €25.00 | €3.75 |
| 5364732 | IBEX35 (España) | 11,355.985 ▲ | 11,366.600 | 17:24 08.09.09 | 18:00 08.09.09 | €25.00 | €42.50 |
| 5363325 | S&P 500 | 1,024.583 ▲ | 1,025.380 | 16:42 08.09.09 | 17:00 08.09.09 | €25.00 | €42.50 |
| 5362268 | FTSE 100 | 4,940.471 ▲ | 5,011.470 | 16:14 08.09.09 | 18:00 11.09.09 | €300.00 | €498.00 |
| 5362219 | Dow Jones | 9,471.034 ▲ | 9,501.570 | 16:12 08.09.09 | 17:00 08.09.09 | €300.00 | €504.00 |
| 5355317 | Tadawul | 5,724.863 ▲ | 5,739.430 | 12:58 08.09.09 | 13:30 08.09.09 | €25.00 | €42.50 |
| 5343060 | IBEX35 (España) | 11,388.634 ▲ | 11,390.100 | 15:53 07.09.09 | 16:00 07.09.09 | €25.00 | €42.50 |
| 5337453 | IBEX35 (España) | 11,380.979 ▼ | 11,375.500 | 11:43 07.09.09 | 12:00 07.09.09 | €25.00 | €42.50 |

Ejemplo de mi operativa en opciones binarias en acciones de bolsa.

Las opciones tradicionales (europea o americana) tienen un vencimiento mensual por lo general, generan un pago dependiendo del valor del activo subyacente y para poder ejecutar la opción deben estar "in the money", lo cual requiere un movimiento entre el precio de compra y el activo subyacente.

Otras opciones son las llamadas: exóticas, oscilante, parisina, barrera, asiática, de estilo cap, cesta, grito, etc.... cada una con características propias.

•   ***FUTUROS DE DIVISAS***. También llamadas Foreign Exchange
Futures.


Un contrato de futuros es un contrato o acuerdo que obliga a las partes
contratantes a comprar o vender un número determinado de bienes o valores
(activo subyacente) en una fecha futura y determinada, y con un precio
establecido de antemano. Estos contratos se negocian en lo que se llama
mercado a término o mercado de futuros.


Los primeros indicios sobre los contratos de futuros se remontan al año
2000 a.c en la época de los egipcios. Los agrícolas, al no saber la cantidad o
calidad de sus cultivos en un futuro, acordaban con un comprador un precio
para todo el cultivo con independencia del resultado. El contrato de futuro
como instrumento financiero se negocia desde hace más de dos décadas,
existiendo futuros sobre tipos de interés a corto, medio y largo plazo,
futuros sobre divisas y futuros sobre acciones y sobre índices bursátiles.


Más  cercano en el tiempo tenemos la primera reseña de Bolsa  de Futuros
instaurada en Osaka, Japón en 1650.


En EE.UU., se crea la CBOT: "Chicago  Board of Trade" en 1848.


Los contratos de futuros de divisas (denominados contratos IMM o futuros
del Mercado monetario internacional) se crearon en 1972 en la Bolsa
mercantil de Chicago. (Estos contratos se crearon para los profesionales del
mercado, que en aquellos momentos, eran responsables del 99% del
volumen generado en los mercados de divisas).


Para hacernos una idea del volumen negociado en futuros de divisas te diré
que El volumen diario de futuros de divisas en la Bolsa mercantil
de Chicago es sólo un 1% del volumen que se ve todos los días en los
mercados FOREX.

A diferencia de las opciones, no es un "Over The Counter", sino un mercado centralizado. Los futuros normalmente se negocian a través de un mercado creado a tal efecto y por lo general incluyen los intereses pagados por las divisas.

| Contrato | Descripción | Símbolo CME | Tamaño | Incremento mínimo | Valor del Tic |
|----------|-------------|-------------|--------|-------------------|---------------|
| Futuros AUD/USD | dólar australiano/Dólar U.S. | 6A | 100 mil AUD | 0.0001 | 10 USD |
| Futuros CAD/USD | dólar canadiense/Dólar U.S. | 6C | 100 mil CAD | 0.0001 | 10 USD |
| Futuros EUR/USD | euro/Dólar U.S. | 6E | 125 mil EUR | 0.0001 | 12.5 USD |
| Futuros GBP/USD | Libra esterlina/Dólar U.S. | 6B | 62.5 mil GBP | 0.0001 | 6.25 USD |
| Futuros CHF/USD | Franco Suizo/Dólar U.S. | 6S | 125 mil CHF | 0.0001 | 12.5 USD |
| Futuros EUR/GBP | Euro/Libra esterlina | RP | 125 mil EUR | 0.00005 | 6.25 GBP |
| Futuros EUR/CHF | Euro/Franco Suizo | RF | 125 mil EUR | 0.0001 | 12.5 CHF |
| Futuros EUR/JPY | Euro/Yen japonés | RY | 125 mil EUR | 0.01 | 1.250 JPY |
| Futuros JPY/USD | yen japonés/Dólar U.S. | 6J | 12.5 mil JPY | 0.000001 | 12.5 USD |
| Futuros NZD/USD | Dólar neozolandés/Dólar U.S. | 6N | 100 mil NZD | 0.0001 | 10 US |

En EEUU tenemos El Chicago Mercantile Exchange (CME o simplemente "The Merc", donde no sólo se negocian futuros sobre divisas, sino también : tasas de interés, acciones, monedas, así como productos primarios (commodities) pasando a llamarse, tras su fusión con CBOT en 12 e junio de 2007 " CME Group" y conforma actualmente el mayor mercado de futuros y opciones del mundo.

El Chicago Mercantile Exchange

En Londres a través del The London International Financial Futures Exchange. (LIFFE).

Edificio de London International Financial Futures Exchange. (LIFFE).

Dentro de España tenemos el MEFF (Mercado Español de Futuros Financieros), el cual actúa como cámara de compensación y como mercado. Está íntegramente regulado, controlado y supervisado por las autoridades económicas competentes (la CMNV y el Ministerio de Economía).

Imagen del edificio de BME, que integra, entre otras sociedades, las cuatro Bolsas españolas, el mercado de Opciones y Futuros (MEFF) y el mercado de Deuda Corporativa (AIAF).

# DIAGRAMA DE LA OPERATIVA DE MEFF

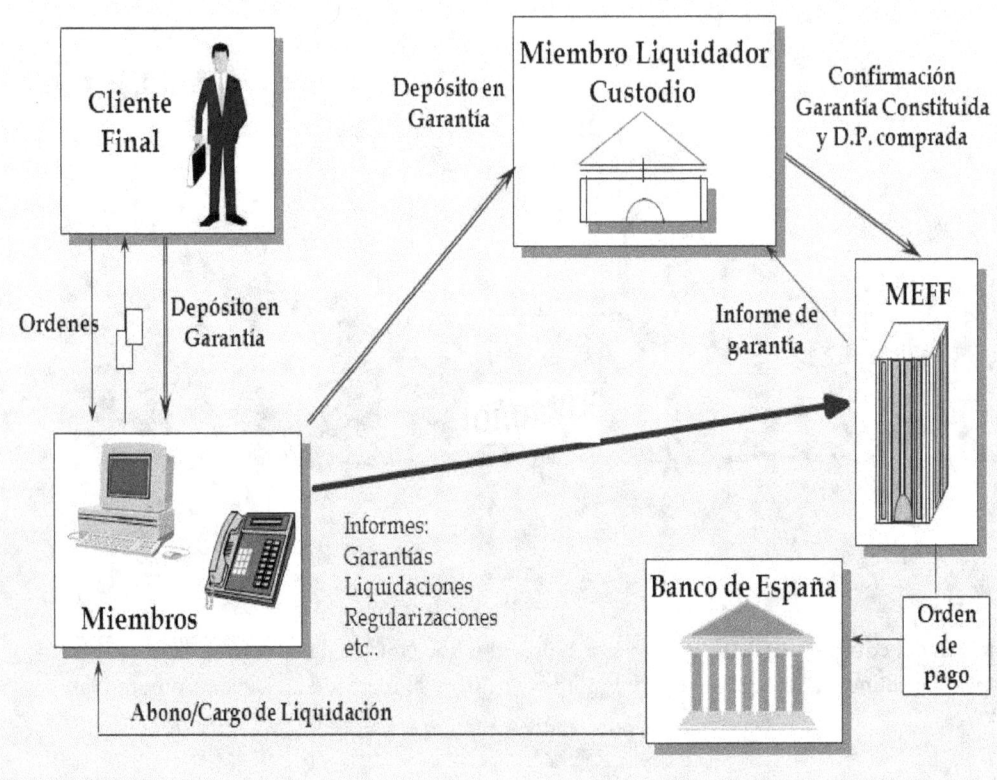

En el mercado de futuros , al ser un mercados centralizado, tendremos acceso a la data real comercializada en el mercado en un momento dado a través de herramienta profundidad del mercado en nivel II[23] (data del

---

[23] Profundidad de mercado nivel II es una sofisticada herramienta que le permite interpretar el mercado a corto plazo, pues te enseña la data de las cotizaciones y los volúmenes que se estan negociando y los que estan en la cola de negociación en un momento dado. En el caso de mercados financieros no centralizados como el FOREX en los cuáles las operaciones de compra y venta se realizan de forma OTC (los contratos se negocian directamente entre las dos partes fuera del ámbito de los mercados organizados), la información que brinda la herramienta Level 2 de los brokers se limita principalmente a los participantes del mercado integrados a la

volumen real de transacciones de compra y venta ) - lo cual nos da una información de vital importancia a la hora de planificar nuestra operativa, dado la importancia que tiene el volumen de ordenes en el mercado, pues es lo que realmente determinará el movimiento del mismo-, cosa que no ocurre en el mercado de divisas SPOT, donde nuestra data de volumen operativo no es más que un mero reflejo de los volúmenes que se manejen en nuestra corredora a la que estemos asociados y que constituirá un porcentaje de la data real del mercado que puede llegar hasta un 70% de la data real.

Ten esto muy en cuenta a la hora de ejecutar tu operativa ya que dada la importante correlación que suele haber entre el mercado de FOREX al contado (SPOT) y el mercado de futuros, muchos operadores utilizan éste último como indicador de volumen en sus estrategias, extrapolando esta información a la operativa y transacciones que realicen en Spot (mercado de contado).

• **_FUTUROS A PLAZO_**: _OUTRIGHT FORWARD_. Reciben este nombre las transacciones de compra/venta de divisas, con valoración superior a 2 días hábiles (que no son a contado), en los que se produce un único intercambio de una divisa por otra a la tasa de un día futuro predeterminado. En el caso de los forwards, se trata de una transacción en la que el dinero no cambia de manos hasta una fecha futura específica (y previamente acordada). En este caso, el tipo de cambio ha sido acordado por el comprador y el vendedor en una fecha futura, y no se basa necesariamente en los tipos actuales del mercado. La transacción se produce en esa fecha, independientemente de los tipos cotizados en el mercado en ese momento. La duración de la operación puede ser de unos pocos días, unos meses o años.

---

red ECN a la que pertenece el broker, que puede estar constituida por bancos, grandes instituciones financieras, Market Makers, brokers y otros traders (grandes y pequeños).

El tipo más común de un forward de divisas es un swap de divisas, al cabo del cual la transacción se revierte. Los swaps de divisas no se negocian en mercados organizados.

- *NON DELIVERABLE FORWARDS* es un contrato no negociado de divisas. Un contrato generalmente negociado trans-territorialmente, que se liquida sobre la base de distintas monedas. Permite tener exposición a una moneda, sin tener que recibir o pagar dicha divisa.

- *SWAPS DE DIVISAS*, en idioma inglés Foreign Exchange.

Un swap de divisas es un contrato financiero entre dos partes por el que acuerdan intercambiar sus principales de igual cuantía pero denominados en diferente moneda, durante un plazo de tiempo determinado, en el que ambos responderán al pago de los intereses recíprocos correspondientes a cada principal. En la fecha de vencimiento, los principales son nuevamente intercambiados al precio de contado del momento del acuerdo. Los swaps de divisas se utilizan para aprovechar ventajas comparativas. El Swap es el segundo instrumento financiero del mercado de capitales en volumen operacional siendo el primer puesto para el mercado FOREX al contado (Spot).

Voy a explicarte de manera sencilla en que consiste:

Cuando compras o vendes un par de divisas -EUR/USD,por ejemplo- estás en teoría tomando prestada la segunda divisa (USD) y prestando la primera divisa (EUR)- Por ende, el tipo de cambio de la primera divisa (EUR) debe ser cobrado y el tipo de cambio de la segunda divisa (USD) debe ser pagado (por tí).

Ejemplo:

Si compras un mini-lote (10,000 unidades virtuales apalancadas) del par AUD/USD y los tipos de interés son:

AUD = 4, 5%

USD = 1, 5%

Entonces...

(4, 5 – 1, 5) = 3% (diferencial positivo)   0.03(10,000)/365 = $0.82 por día

En este caso el diferencial es un costo a tu favor que te lo paga tu corredora.

Si por el contrario vendes el par AUDUSD: (1 – 4) = -3% (diferencial negativo)

-0.03(10,000)/365 = -$0.82 En este caso el diferencial swap te lo descuenta a ti la corredora.

El swap es el tipo de cambio con relación a las tasas de interés de una moneda y otra. Y supone el costo de mantener la posición de una jornada para otra por hacer uso  de una posición crediticia apalancada con la corredora  entre monedas que tienen un diferente tipo de de interés,  por lo cual este debe ser ajustado  a nivel bancario con los nuevos tipos de interés, debido al apalancamiento de los pares de las monedas  en la jornada siguiente, y así cada día, mientras  se mantenga la operación abierta.

Su cálculo se realiza a la hora de cierre  del mercado, que es por lo general a las 4:59 pm hora de Nueva York, la cual será la hora límite en donde un operador puede mantener abierta su posición, ya que después de esa hora tendrá un pequeño recargo de swap que se cargará en su cuenta y será descontado. (Es algo a tener cuenta si no quieres pagar dicha comisión a la hora de cerrar tu operativa intradía).

Este valor  descontado dependerá de los tipos de interés que cada banco asigne a cada moneda y también del par de divisas que el operador este utilizando.

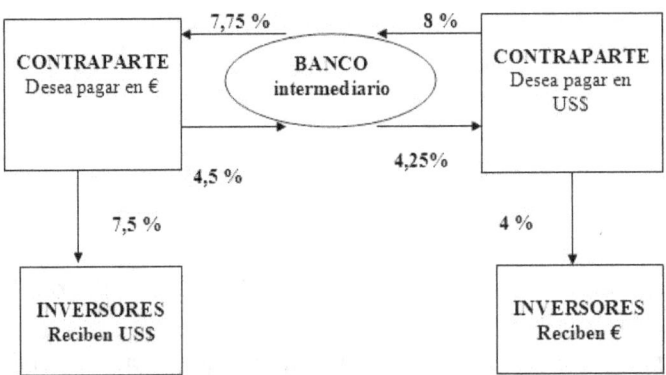

El valor de la transferencia, o más precisamente dicho, su volumen y signo, dependen del diferencial de la tasa de interés entre las 2 divisas, además, en condiciones normales las tasas de Depósito y Préstamo en la misma divisa son diferentes (el precio de préstamo es más alto). Por eso, los valores de transferir posiciones largas y cortas en el mismo par de divisas son diferentes.

Cuanto más alto sea la tasa de la divisa de compra y más bajo la tasa de la divisa de venta, más beneficioso será la transferencia de la posición. El Swap se acredita en la cuenta del cliente en el caso si la tasa de interés aplicable de la divisa de compra es superior de la tasa de la divisa de venta. El Swap se deduce del la cuenta del cliente en el caso si la situación con la tasa de interés es viceversa.

En caso de operadores a medio plazo que mantienen la posición abierta incluso durante semanas o meses, la diferencia entre las condiciones de Swap se hace evidente, y su costo en la cuenta también. Vamos a imaginar que la posición abierta se mantiene un mes, por ejemplo, eso significa que transferencia de la posición tiene lugar 30 veces durante un mes:

En nuestro caso:

- o Compra 0,1 minilote AUD/ swap = +3% (diferencial positivo por la compra de AUD/USD)

La casa broker nos abonaría 0,82$ al finalizar la primera jornada y en los sucesivos días abonaría lo correspondiente a lo calculado para el diferencial de ese nuevo intercambio diario. Así cada día. (Para facilitar los cálculos supongamos que ese diferencial se mantuviera invariablemente en +3%)

Swap Diferencial de +3% en compra 0,1 minilote de AUD/USD durante 30 días supone que el broker abonaría en nuestra cuenta de trading 24,6 dólares, (0.82$* 30 días = 24,6 $)

Sin embargo:

- o Venta 0,1 minilote AUD/ swap = - 3% (diferencial negativo por la venta de AUD/USD)

La casa broker nos cobraría 0,82$ al finalizar la primera jornada y en los sucesivos días cobraría lo correspondiente a lo calculado para el diferencial de ese nuevo intercambio diario. Así cada día. (Para facilitar los cálculos supongamos que ese diferencial se mantuviera invariablemente en -3%)

Swap Diferencial de -3% en venta 0,1 minilote de AUD/USD durante 30 días supone que el broker cobraría en nuestra cuenta de trading 24,6 dólares, (0.82$* 30 días = 24,6 $), pero esta vez obran en nuestra contra ya que nosotros tenemos que asumir dicho diferencial de tipos de interés entre las monedas.

Si imaginamos los gastos o beneficios que esto puede producir en un año (casi 300 $ a favor o en contra) podemos imaginar que es dato derivado de la negociación que debemos tener en cuenta en nuestra operativa.

Los cobros de diferenciales swap positivos en ocasiones puede llegar a ser rentable si este diferencias resulta positivo, es el caso de que los tipos de cambio fluctúen a nuestro favor(condiciones favorables) y pueden ser tenidos en cuenta como estrategia de inversión  a  largo plazo (posiciones abiertas incluso durante años, donde no importa tanto  las fluctuaciones del precio en sí que se supone  promediaran, sino el acumulo de diferenciales de tasas de interés a nuestro favor), es lo que se realiza durante la estrategia de «Carry Trade» , cuando los inversores a muy  largo plazo aprovechan las diferencias  positivas en los tipos de interés de las monedas como parte fundamental de su estrategia.

 Estas estrategias se basan precisamente en  eso, el diferencial de las tasas de interés de 2 divisas, mientras que el préstamo tiene lugar en una divisa extranjera con una tasa inferior, y el depósito-en una divisa con una tasa superior. Esta estrategia recibe el nombre de  carry-trade y  pertenece a las llamadas estrategias de trading avanzado (profundizaremos   extensamente en ella en la sección de estrategias de inversión).

Por Ejemplo

La tasa de interés del Banco Central Europeo  para el  EUR es de 0.05%; la de los Estados Unidos es de 0.25%. La compra o venta de 1 lote del par EUR/USD  en una tasa de 1.2702.

El pago por el swap es

((Interés moneda base - interés moneda contraparte) * volumen del lote* tasa de cambio) / 100 %  este es el cálculo del swap por cada 24 horas y lo multiplicaremos por el número de días que hayamos tenido abierta nuestra posición

$((0.05\% - 0.25\%)* 10,000 * 1.2702) / 100\% = $ USD -25.404; que es USD -25.404/365 = USD -0.0696 por 24 horas.

En caso abramos una posición de compra del par EUR/USD (o Buy), tomamos un crédito en USD en la tasa de interés de 0.25% por año y hacemos un depósito en euro en la tasa de 0.05% por año. La tasa de interés del crédito excede la tasa de interés del depósito; es por eso que 0.0696 $ se deduce desde la cuenta de operaciones diariamente. (DESCUENTO)

Con la posición de venta del par EUR/USD (o Sell) al abrir la situación contraria ocurre: el euro es prestado en la tasa de 0.05% anualmente y el depósito es colocado en dólares norteamericanos en la tasa de 0.25% cada año. La tasa de interés del depósito es mayor que la tasa de interés del crédito, por lo tanto 0.0696 $ es agregado a una cuenta de operaciones diariamente. (GANANCIA)

Eso en situaciones ideales en las que el precio se hubiera mantenido estable y plano, si eso no ocurre tendríamos entonces que calcular además:

Si compramos EUR/USD y la cotización del par ha subido sumaríamos las ganancias por nuestra compra en base al diferencial del precio.

Si compramos EUR/USD y la cotización del par ha bajado restaríamos las pérdidas por nuestra compra en base al diferencial del precio. (Que en este caso sería negativa)

Lo mismo se realizará a la inversa en caso de haber realizado una venta EUR/USD.

Esta estrategia llamada carry trade la veremos más adelante.

No obstante a título informativo te facilito una tabla de tipos de interés mundiales, a fin de que puedas comprobar cuan goloso puede ser el tener en cuenta esta variable swap en tu operativa si lo swaps corren a tu favor. La tabla incluye las tasas reales, los últimos cambios en las políticas económicas, y la fecha de las próximas reuniones /decisiones.

| Bancos Centrales | Tipo de interés | Próxima reunión | Último cambio |
|---|---|---|---|
| Banco Central Europeo | 0,050 % | 05-03-2015 - 12:45 | 04-09-2014 - 11:45 |
| Banco de Canadá | 0,750 % | 04-03-2015 - 15:00 | 21-01-2015 - 15:00 |
| Banco de Inglaterra | 0,500 % | 05-02-2015 - 12:00 | 05-03-2009 - 12:00 |
| Banco de Japón | 0,100 % | 01-01-0001 - 00:00 | 19-12-2008 - 05:27 |
| Banco de la Reserva de Australia | 2,250 % | 03-03-2015 - 04:30 | 03-02-2015 - 03:30 |
| Banco de la Reserva de Nueva Zelanda | 3,500 % | 11-03-2015 - 20:00 | 23-07-2014 - 21:00 |
| Banco Nacional de Suiza | -0,750 % | 19-03-2015 - 08:30 | 15-01-2015 - 09:30 |
| Reserva Federal | 0,250 % | 18-03-2015 - 19:00 | 16-12-2008 - 19:15 |

África

| País | Tipo de interés | Anterior | Último cambio |
|---|---|---|---|
| Egipto | 8,750 % | 9,250 % | 19-09-2013 - 09:00 |

| Sudáfrica | 5,750 % | 5,500 % | 17-07-2014 - 13:00 |
|---|---|---|---|

Asia Pacífico

| País | Tipo de interés | Anterior | Último cambio |
|---|---|---|---|
| Australia | 2,250 % | 2,500 % | 03-02-2015 - 03:30 |
| China | 5,600 % | 6,000 % | 21-11-2014 - 10:30 |
| Corea del Sur | 2,000 % | 2,250 % | 15-10-2014 - 01:00 |
| Filipinas | 3,500 % | 3,750 % | 25-10-2012 - 08:30 |
| Hong Kong | 0,500 % | 1,500 % | 17-12-2008 - 02:00 |
| India | 7,750 % | 8,000 % | 15-01-2015 - 05:30 |
| India | 6,750 % | 7,000 % | 15-01-2015 - 05:30 |
| Indonesia | 7,750 % | 7,500 % | 18-11-2014 - 07:00 |
| Japón | 0,100 % | 0,300 % | 19-12-2008 - 05:27 |
| Nueva Zelanda | 3,500 % | 3,250 % | 23-07-2014 - 21:00 |
| Taiwán | 1,875 % | 1,750 % | 01-07-2011 - 17:00 |

Oriente Medio

| País | Tipo de interés | Anterior | Último cambio |
|---|---|---|---|
| Bahréin | 2,250 % | 2,750 % | 04-01-2010 - 08:00 |
| Turquía | 7,750 % | 8,250 % | 20-01-2015 - 12:00 |

Europa

| País | Tipo de interés | Anterior | Último cambio |
|---|---|---|---|
| Dinamarca | -0,500 % | -0,350 % | 29-01-2015 - 15:00 |
| Hungría | 2,100 % | 2,300 % | 22-07-2014 - 12:00 |
| Islandia | 5,250 % | 5,750 % | 10-12-2014 - 08:00 |
| Noruega | 1,250 % | 1,500 % | 11-12-2014 - 09:00 |
| Polonia | 2,000 % | 2,500 % | 08-10-2014 - 10:00 |
| Reino Unido | 0,500 % | 1,000 % | 05-03-2009 - 12:00 |
| República Checa | 0,050 % | 0,250 % | 01-11-2012 - 10:00 |
| Rumania | 2,500 % | 2,750 % | 07-01-2015 - 11:02 |
| Rusia | 15,000 % | 17,000 % | 30-01-2015 - 09:30 |
| Suecia | 0,000 % | 0,250 % | 28-10-2014 - 08:30 |
| Suiza | -0,750 % | -0,250 % | 15-01-2015 - 09:30 |
| Unión Monetaria Europea | 0,050 % | 0,150 % | 04-09-2014 - 11:45 |

América del Norte

| País | Tipo de interés | Anterior | Último cambio |
|---|---|---|---|
| Canadá | 0,750 % | 1,000 % | 21-01-2015 - 15:00 |
| Estados Unidos | 0,250 % | 1,000 % | 16-12-2008 - 19:15 |
| México | 3,000 % | 3,500 % | 06-06-2014 - 14:00 |

América del Sur

| País | Tipo de interés | Anterior | Último cambio |
|---|---|---|---|
| Brasil | 12,250 % | 11,750 % | 21-01-2015 - 17:00 |
| Chile | 3,000 % | 3,250 % | 16-10-2014 - 21:00 |
| Colombia | 4,500 % | 4,250 % | 29-08-2014 - 06:00 |
| Perú | 3,250 % | 3,500 % | 16-01-2015 - 00:00 |

Tablas cortesía de fxstreet

Como puedes ver los recortes de las tasas, se utilizan para estimular una economía en dificultades., mientras que los bancos centrales tienden a subir las tasas cuando la economía está creciendo con el objetivo de controlar la inflación.

De todas formas has de tener en cuenta los swaps en nuestra operativa como instrumento financiero suele suponer un gasto (en condiciones desfavorables), cuanto más grande sea el volumen de negociación en la posición abierta más coste supondrá cuando el pago de la tasa diferencial entre los pares resulta negativo, (hay que tener en cuenta este coste pues puede suponer al cabo de un año la diferencia entre una sistema rentable o no).

Cuando operamos en FOREX de contado (SPOT). El swap es también conocido como rollover, el cual es un cobro por mantener abierta una posición más de 24 horas y será recargado a su cuenta cada vez que cumplan 24 horas de mantener una posición abierta. Esto quiere decir que si mantiene una operación abierta por 5 días, este recargo se lo harán 5 veces. En las plataformas de inversión quedará reflejado en el historial de la operativa bajo el concepto de swap o rollover.

Sin embargo podrás observar en tu plataforma que los intereses por rollovers o swaps multiplican por tres su valor los miércoles. Esto tiene su explicación en que al realizar una transacción en el mercado FOREX al contado, la fecha valor real es dos días hacia adelante; Entonces una operación realizada el jueves tendrá valor el lunes. Un acuerdo realizado el viernes tendrá valor el martes, y así sucesivamente. El miércoles la cantidad de rollover se triplica con el fin de compensar el fin de semana (tiempo durante el cual el rollover no se carga ya que la negociación se detiene durante el fin de semana).

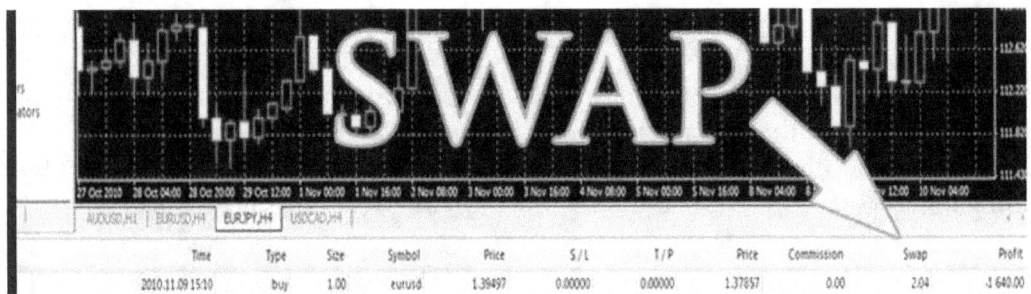

Captura plataforma MT4.0 señalando swap

- **ETFs DE DIVISAS**, en idioma inglés Exchange Traded Funds

Los ETFs son sociedades de inversión abiertas cuyas acciones pueden ser negociadas en un mercado bursátil en forma de cestas de valores con un índice subyacente, para replicar inversiones en los mercados de divisas.

Estos fondos realizan un seguimiento de la evolución de los precios de las divisas internacionales frente al dólar estadounidense, aumentando de valor directamente en contra del dólar, lo que permite la especulación.

Como inversión, los ETFs de divisas se parecen mucho a las cuentas de ahorro. los ETFs mantienen depósitos y lo invierten en bancos para obtener intereses, de tal forma que cuando se mide en la divisa extranjera correspondiente, es poco probable que sus acciones hayan ganado o perdido mucho valor - una acción cuyo valor es de 100 euros ahora probablemente tendrá un valor de 100 euros el mes que viene o dentro de 10 años. Cada cuenta de depósito pagará ligeramente menos que el tipo de interés diario, y estará sujeta a los gastos del fondo.

> **Tipos de derivados clasificados según su la finalidad con la que se transan.**

Tendremos:

    a. Derivados de cobertura (hending).

    b. Derivados de arbitraje.

    c. Derivados de negociación.

Profundicemos en cada uno de ellos:

a- *Derivados de cobertura (hending):*

Estos derivados son utilizados como herramienta para la disminución de riesgos. En este caso se coloca una posición opuesta en un mercado de futuros en contra del activo subyacente del derivado o en un par correlacionado inversamente.

El hending es una práctica que todo trader debería conocer como posible protección y manejo de riesgo, pues es como un seguro para reducir el impacto de situaciones inesperadas- como una especie de de inversión compensatoria-. La utilizan los bancos y grandes corporaciones prácticamente a diario para reducir la exposición al riesgo.

Técnicamente para realizar un hending o cobertura debemos invertir en dos valores con correlación negativa, de manera que nos cubriríamos las espaldas si el trade no se presenta como lo habíamos planeado y se nos viene a la contra se vería compensado (hending) con la operación del par correlacionado negativamente.

Un ejemplo de cobertura seria comprar EUR/USD y cubrirse al tiempo con la compra del par USD/CHF. (Estos dos pares presentan una alta correlación negativa y por tanto la compra de USD/CHF reduciría el riesgo de una posición larga en EUR/USD la cual constituiría nuestra inversión inicial).

Así si la inversión inicial no se diera como esperábamos, las perdidas serán menores, puesto que estaría ejecutada la operación "inversa".

En caso que nuestro pronóstico fuera acertado en EUR/USD, simplemente anularíamos la orden USD/CHF y dejaríamos las ganancias correr en nuestra inversión principal.

El doble de comisión spread es el coste de nuestro seguro.

Otros ejemplos de cobertura hending podrían ser:

-Inversión en Petróleo y cubrirse con la inversión en divisas. (Utilizando los pares correlacionados con el petróleo (UDS y CAD)

-Hacer hending entre OPCIONES Y FUTUROS:

    EJ.  Compra  SPOT divisas EUR/USD a 1.3570.

    Venta OPCIÓN  PUT  divisas  EUR/USD a 1,3570.

En este caso si es acertada  la operativa la compra en  contado gano, (y no ejecutaría la opción de venta), pero si la cotización de dicha  divisa bajara  podría ejecutar mi  opción de venta y limitaría las pérdidas.

El coste de nuestra cobertura de seguro sería  el gasto de spread y  el gasto de adquirir la opción de venta.

Quizás no sean gastos asumibles para  operar en scalping o intradía por el alto costo operacional y el rango de pips esperados, pero interesante tenerlo en cuenta para inversiones más a medio o largo plazo o bien para grandes cuentas  evitando correr tantos riesgos (aunque ganemos una menor rentabilidad nuestras pérdidas estarán cubiertas y en caso de producirse siempre serán compensadas).

b- _Derivados de arbitraje_:

En el arbitraje las utilidades se generan debido a la diferencia de precios del mercado, al operar aprovechando esta diferencia de precios y en base a la aplicación del apalancamiento de la cuenta con el fin de obtener retornos mayores.En general e dice que el arbitraje mueve las monedas de los países hacia la ''paridad de poder de compra''. Tiene el efecto de hacer que los precios de los mismos activos en mercados diferentes converjan. Como resultado del arbitraje, los tipos de cambio, el precio de mercancías, y el precio de instrumentos financieros tienden a converger en todos los mercados. La velocidad con que los precios convergen es una medida de la eficiencia del mercado. Sin embargo el mercado presenta ineficiencias.

Te explico:

En el mercado FOREX las corredoras ofrecen al operador el precio de las cotizaciones con una diferencia entre el valor de compra y de venta con el fin de obtener una comisión llamada spread.

El hecho de existir un número importante de corredoras ofreciendo data de las cotizaciones a tiempo real y debido a que el mercado FOREX sea tan inmenso puede perderse algo de eficiencia en el tratamiento de los factores que provocan las variaciones de precios. Ello hace que aunque la información sobre las cotizaciones viajen a nivel electrónico, pueda haber retraso al actualizar las cotizaciones entre diferentes corredoras, de manera que puntualmente, y de forma efímera, las cotizaciones puedan ser distintas entre una casa broker y otra, generando una desigualdad en el precio lo cual permite una oportunidad de arbitraje.

Ante esa ineficiencia del mercado, los operadores pueden aprovechar esa diferencia de precios en las cotizaciones entre dos brókeres diferentes con el fin de obtener beneficios, se trata entonces de realizar una compraventa de divisas con un agente y simultáneamente la operación contraria con otro para beneficiarnos de las diferencias de precios generando así matemáticamente una ganancia segura.

Esta estrategia de arbitraje no está libre de riesgos puesto que la actuación ante una ineficiencia del mercado debe ser de ejecución muy rápida, prácticamente simultánea en ambas corredoras, por el hecho de la gran velocidad de los cambios y los rebalanceos de las cotizaciones ( Rebalanceos del precio que se pueden llegar a producir en segundos o minutos en el caso de FOREX - en bolsa americana el rebalanceo de la cartera se produce aproximadamente cada 5 minutos - esa diferencia de precios se puede igualar entre las corredoras desapareciendo la oportunidad). Es por ello que las operaciones de arbitraje suelen realizarse por Expert Advisors, (sistemas automatizados) en lugar de manualmente. No obstante indicarte que el arbitraje para el retail trader es prácticamente imposible por la simple razón de que el spread que tienen las 3 monedas diluye cualquier potencial "profit" que se pueda presentar en la desviación de la cotización del "cross currency".

En cualquiera de ellas la desviación entre los precios debe ser grande para poder garantizar ganancias, la ejecución perfecta y simultánea y por otra parte con un slippage nulo (deslizamiento es la diferencia entre el precio que nos está ofreciendo nuestra plataforma de trading y el precio real al que se ejecuta la orden

Vamos a ver más detalladamente como se realiza un arbitraje:

Arbitraje con un mismo par en dos corredoras distintas

En este caso utilizamos la diferencia de cotización y comercialización de los precios de compra y venta de un mismo par entre diferentes corredoras.

Te lo explicaré mejor con un ejemplo:

Un Broker x tiene la cotización de EUR/USD en 1.1000 / 1.1002 y lleva una comisión de spread de 1 pip por operación y al mismo tiempo Broker Y en el mismo par y tiempo tiene la cotización: 1.1004 / 1.1006 y lleva una comisión de spread de 1 por operación.

Si el usted compra en broker X, y simultáneamente vende un broker Y, la diferencia entre 1,1006 y 1,1000 es de 6 pips si a esto le restamos las comisiones por spread de ambos broker X e Y (1+1= 2 pips) usted ganaría 6-2 = 4 pips solo de la diferencia entre la cotización real de broker X y la que nuestro broker Y tiene en ese momento.

## Arbitraje triangular de monedas

Otra forma de realizar arbitraje en el FOREX sería mediante el denominado arbitraje triangular de monedas. Los programas HFT de alto rendimiento están a la caza de ellas , por lo que corrigen en fracción de segundos la ineficiencia, por tanto para el "retail trader" es virtualmente imposible tomar ventaja de ellas, porque no solo el spread es factor clave, sino que la ejecución debe ser perfecta en velocidad y timing.

De todos modos deseo explicarte en que consiste el principio detrás del "arbitraje triangular" .es simple y la mejor forma de entenderlo es con un ejemplo:

EUR/JPY = EUR/USD x USD/JPY o dicho de otra manera:

(EUR/USD x USD/JPY) / (EUR/JPY) = 1

Cualquier desviación por arriba o por debajo de esta paridad es una ineficiencia del mercado y por tanto una oportunidad de arbitraje.

Si la desviación es muy pequeña esos muy pequeños valores no constituyen realmente oportunidades de arbitraje para el operador retail, pues se necesita que esta desviación sea relativamente mucho más grande

.Podríamos decir que si la desviación está por debajo de 0.9990  puede ser un buen punto extremo y quizás un umbral que marcaría la oportunidad, pero siempre hay que tener en cuenta los costes de la operativa, De ahí la importancia que la operación de apertura garantice una desviación suficientemente grande que logre cubrir los costos de la operación (spreads, slippage, rollover).pues quizás estos puedan echar al traste la oportunidad de arbitraje entre los precios y no resultar  rentable.

Para que una oportunidad de arbitraje funcione (si llegase a funcionar) debería buscarse puntos extremos de desviación en la relación (ejemplo): USD/CHF * EUR/CHF / EUR/CHF =1

Si la equivalencia es menor que 1 quiere decir que el par EUR/CHF está "sobrevalorado" por tanto la operación debería ser:

Sell EUR/CHF
Buy USD/CHF
Buy EUR/USD


Si la equivalencia es mayor que 1 quiere decir que el par EUR/CHF es subvalorado por tanto la operación debería ser:

Buy EUR/CHF
Sell USD/CHF
Sell EUR/USD


Ahora lo veremos con un ejemplo:


Dadas tres divisas, se debe dar una relación entre sus cotizaciones. Por ejemplo, si 1€ = 1,2$ y a la vez 1€ = 0,8 Libras, entonces 1,2$ = 0,8 L, o lo que es lo mismo, 1$ = 0,6666 Libras. Si en algún momento esta igualdad no se cumpliera existiría una oportunidad de arbitraje sin riesgo.

Veamos un ejemplo:

En un momento dado tenemos estas cotizaciones en el mercado FOREX:

1€ = 1,2$
1$ = 0,68 L
1€ = 0,8 L


Vendemos 1000€ y nos dan 1200$, que vendemos para obtener 816 Libras que cambiamos nuevamente por 1020 €. Obtenemos un beneficio por arbitraje de 20€, o el 2% sin riesgo alguno.

No obstante indicarte que el arbitraje para el retail trader es prácticamente imposible por la simple razón de que el spread que tienen las 3 monedas diluye cualquier potencial "profit" que se pueda presentar en la desviación de la cotización del "cross currency".

<u>Anillo de arbitraje</u>

Un anillo de arbitrage sería:

EUR/USD Buy
GBP/USD Buy
EUR/GBP Sell

Para formar el HEDGE, siempre son 2 operaciones de compra y una de venta ó también sería posible al revés, los 2 Buy a Sell y el Sell a Buy.

<u>Estrategias neutrales al mercado.</u> (Arbitraje entre dos pares correlacionados inversamente)

Existe una Teoría del Arbitraje -Arbitrage Pricing Theory (APT) - "que el retorno esperado de un activo financiero puede ser modelado como una función lineal de varios factores macroeconómicos, donde la sensibilidad a cambios en cada factor es representada por un factor específico, el coeficiente beta"

Utilizando los datos aportados por un grupo especializado en el sistema (Grupo er), trataremos de explicar en que consiste dicha estrategia.

La estrategia neutral sigue un enfoque cuantitativo del mercado. Es algo más complejo; se fundamenta en el arbitraje estadístico, éste utiliza herramientas computacionales basadas en métodos estadísticos, inteligencia artificial y "data mining" - algoritmo para la identificación y estructuración de un grupo de datos con el objeto de modelar, detectar desviaciones y generar patrones - cuyo objetivo final es tratar de determinar divergencias de precios.

El arbitraje estadístico también se describe a veces como estrategia de reversión. Estas técnicas persiguen un rendimiento independiente al del mercado así como minimizar el riesgo y la volatilidad. Es algo similar a lo que explicamos en hending. Utilizas dos pares correlacionados inversamente en los que Una subida de un par vaya acompañada de una bajada del otro y que además tengan una velocidad de reacción distinta en el tiempo (uno más agresivo, otro más suavizado).

Ejemplaricemos el caso para que lo entiendas mejor:

Una operación de "statistical arbitrage" podría consistir en estar largo simultáneamente en los dos pares EUR/CHF y USD/CHF. Estos dos pares estan inversamente correlacionados
Largo EUR/CHF
Largo USD/CHF

El volumen de las operaciones hay que ponderarlo, en este caso abriríamos más lotes de EUR/CHF (que reacciona de forma suave) que de USD/CHF (de reacción más agresiva).

El resultado de esta operación es una estrategia "Market Neutral", es decir, cuando un par sube, el otro baja. De este modo, si se produce un desastre y el mercado se vuelve loco, un par subirá agresivamente, mientras que el otro bajará, también agresivamente, pero en definitiva no habrá sorpresas.

El éxito de estas estrategias es tanto mayor cuanto más correlacionados estén los cruces que se arbitran. De hecho, al final, lo que aprovechamos en nuestro beneficio no es el conocimiento de la futura tendencia, sino el ruido de la oscilación de la operación combinada, que podemos delimitar a una cierta banda. Un buen estudio estadístico de dicho ruido y una adecuada gestión del riesgo nos proporcionarán una elevada probabilidad de ganar en el largo plazo.

Existen software, sistemas y empresas especializadas en arbitraje en el mercado de capitales a las que puedes recurrir en caso de tener más interés en el tema de los arbitrajes... No obstante te facilito una dirección web en la que puedes profundizar sobre el tema https://www.kreslik.com/forums/viewtopic.php?t=307

<u>Arbitraje entre dos mercados distintos</u>

Las divisas negociadas en FOREX se negocian directamente entre los bancos, casas de cambio y los inversionistas de FOREX que desean diversificarse, el intercambio de data se produce se produce a través de terminales de ordenador, intercambios y teléfonos en miles de lugares por todo el mundo. Por lo tanto, el mercado de FOREX no es tan eficiente como la Bolsa de Nueva York, por ejemplo.

Así las discrepancias de precio existen entre las plataformas de trading, empresas de clearing, bancos, etc. sólo por un corto período de tiempo y en el caso de las opciones tienden a existir durante períodos de tiempo más largos.

También se puede realizar arbitraje entre dos mercados distintos, en el caso de las divisas por ejemplo entre mercado de contado y de futuro en el que un activo con un precio conocido en el futuro, se negocia hoy a un precio distinto al precio futuro.

c- *Derivados de negociación*:

Estos derivados se negocian con el fin de obtener ganancias mediante la especulación del precio del activo subyacente involucrado en el contrato.

De los que hablaremos más detalladamente en otro capítulo.

## 1.5. ¿Qué hay detrás del negocio del FOREX?

El objetivo con el que se crearon cualquiera de los instrumentos financieros que conocemos no es otro que la transferencia de riqueza desde las masas a las manos fuertes.

Ello se realiza a través de la mera especulación por parte de los especialistas y de los creadores del mercado, que junto con otras herramientas de manipulación masiva ( los medios académicos basados en la educación prusiana, los medios de comunicación manipulados, la política dirigida , etc)…facilitan grosso modo la transferencia de riquezas desde las masas ,las clases sociales más desfavorecidas y la clase media entre otros, hacia las manos fuertes del sistema : los especialistas, grandes corporaciones multinacionales, castas familiares de banqueros, gestores de grandes cuentas, etc. que en realidad son depredadores en busca de rebaño y bajo los que quedan a su merced masas, gobiernos y países enteros.

El FOREX a pesar de considerarse como instrumento financiero, no deja de ser una industria servicio que debe comercializarse atrayendo hacia el negocio al cliente final, por tanto como cualquier otra actividad empresarial estará formada por un conglomerado de servicios mercantiles que permitan su desarrollo.

El propio mercado, los creadores, los reguladores, los participantes, y una serie de intermediarios entre ellos conocidas como corredoras, cada una de ellas con cuerpo jurídico propio y con diferentes o iguales definiciones mercantiles, estatutos, objetivos y rentabilidades propias, etc. Cada una de ellas un negocio independiente en sí mismo.

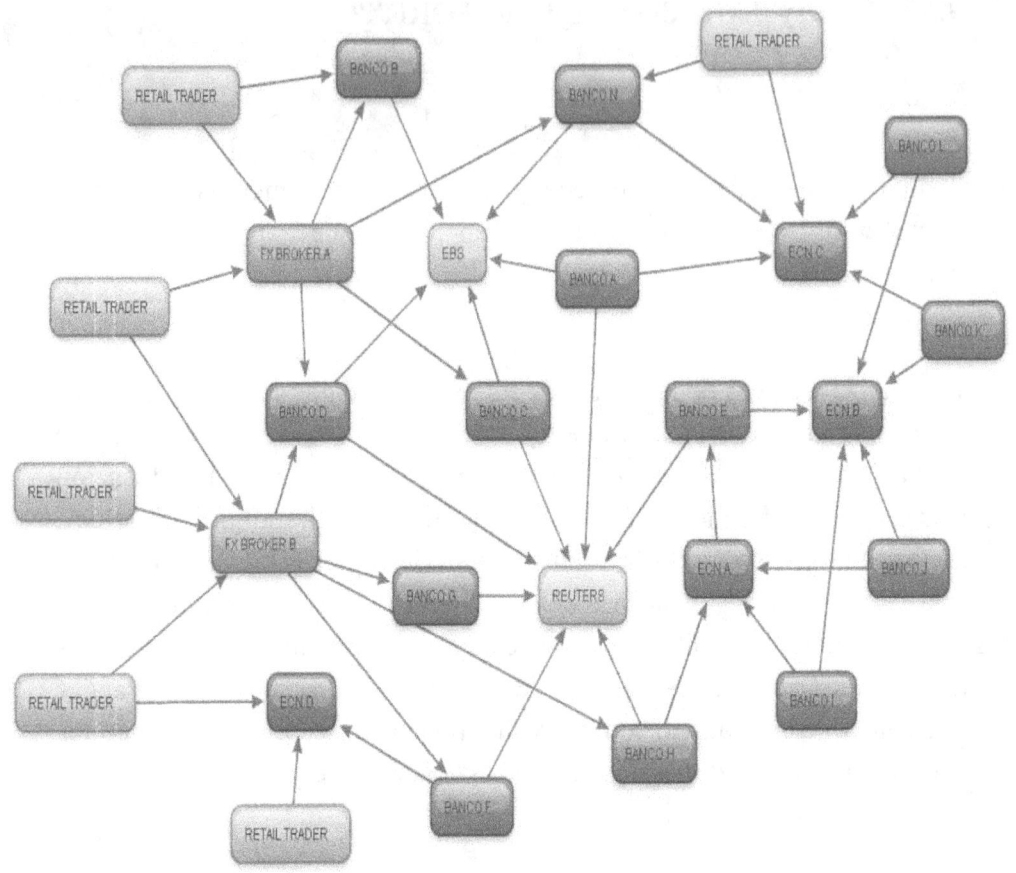

Aparte cada uno de ello desarrolla su labor comercial contando con una estructura jerárquica propia como cualquier empresa con directivos, cuerpo de grado medio, ,operarios técnicos y otros servicios integrados , etc. incluido colaboradores externos y o agentes comerciales captadores de nuevos clientes.

Evidentemente como cualquier nicho de mercado que aparece ante la necesidad de cubrir una demanda inversionista por parte de la masa y una oferta negociadora de los instrumentos financieros por parte de los creadores de mercado , luego podemos encontrarnos toda suerte de negocios satélite en torno a ella que no siendo ya el propio mercado FOREX, tiene estrecha relación con él, como gestores administrativos de patrimonios de inversión o gestores de cuenta, asesores fiscales y comerciales, o educación académica (institutos de educación bursátil, universidades de estudios financieros, literatura en torno a FOREX y todo el entramado empresarial de publicaciones y editoriales, etc. ), y ya en los últimos escalones de la comercialización encontrarnos desde traders que enseñan su operativa en pequeños grupos, a programadores de sistemas automatizados, indicadores, etc. o afiliados que venden algún producto relacionado con el FOREX ( indicadores, libros, cursos, plataformas, señales , etc. ) sea suyo o no ,a través de sistemas de network marketing.

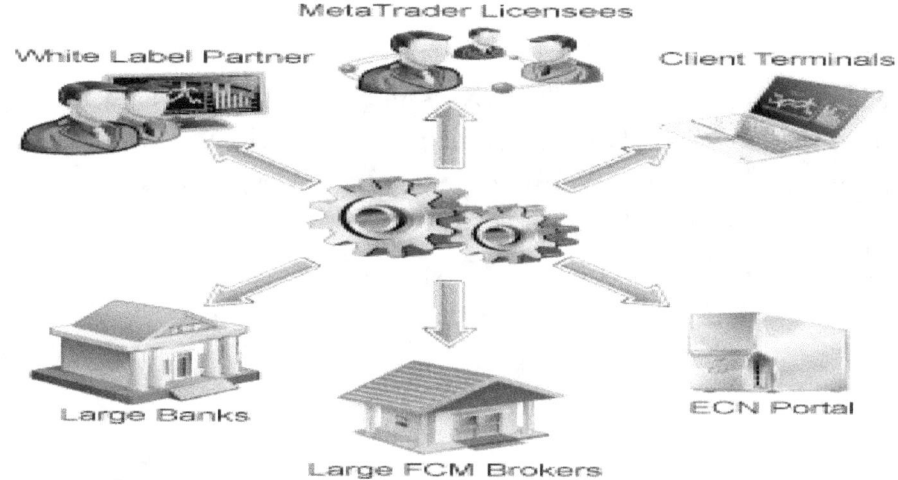

Ilustración cortesía fxcc

Como puedes ver el FOREX es real y existe como instrumento financiero, no es una estafa.

Sin embargo cualquiera de las empresas y agentes que cubre dicho nicho de mercado si podría serlo por independiente, es por ello que debes ser cauto e investigar la idoneidad de la empresa/servicio a contratar siempre antes de realizar cualquier desembolso de dinero a cualquier intermediario que te ofrezca el oro y el moro (¡¡Créeme que las hay y muchas que te ofrecen cosas surrealistas!! , nada más hay que mirar la publicidad  online y los spam que llegan a tu bandeja mail, pues aquellas que seguramente más facilidades, premios, bonos, etc., te ofrezcan con fin de que operes con ellos, sean las menos creíbles).

Infórmate concienzudamente de  donde estas metiendo "los cuartos" y a través de qué o cual intermediario (si este  corredor es seguro, si está regulado, si tiene solvencia,  el capital social que dispone, el patrimonio por el que  responde  la empresa, etc.) o si tiene más tintes de empresa poco fiable.

Desgraciadamente, el mundo del FOREX es muy lucrativo en si mismo, también lo es su entorno y  atrae para participar del negocio a todo tipo de personas, por tanto tampoco  está libre de sinvergüenzas, estafadores  o embaucadores que quieran hace su agosto a costa del pobre inversor desinformado.

Insisto:

---

ESTAR  CORRECTAMENTE INFORMADO

ES LA MEJOR MANERA DE PRESERVAR TU DINERO

---

Otro  concepto a tener en cuenta es la manipulación del mercado FOREX.

Aunque hablamos  en términos genéricos que el FOREX es un mercado 100% "manipulado" y "maquillado" (En el sentido que no es  un sistema eficiente ni transparente sino que no deja de servir  como pantalla para producir la transferencia de riqueza entre estamentos sociales), el hecho de los grandes volúmenes participados la gran variabilidad de participantes y enorme cantidad de contrapartes operacionales (cada uno con operativas definidas en diferentes temporalidades, objetivos, horizontes y motivaciones distintas a la hora de participar del mercado), la gran liquidez y volatilidad del mercado, etc. hace prácticamente imposible manipular el mercado y permitirse modificarlas a gusto de unos pocos favoreciendo su operativa, ya que tendrían que confluir muchas variables para que el mercado se comportara como un mercado eficiente y lineal,( entre otros que un porcentaje de participantes movieran simultáneamente un porcentaje de volumen mayoritario , es decir, se pusieran todos de acuerdo en ejercer ,al tiempo, una misma acción, con un mismo especio temporal y un mismo objetivo, con el fin de manipular las cotizaciones del precio.

El mercado de divisas, el más grande y uno de los menos regulados del mundo, ha sido investigado por reguladores durante los últimos nueve meses debido a acusaciones de acuerdos de precios y colusión entre operadores.

A pesar de la peculiaridad del sistema, y que resultaría casi imposible manipular un mercado tan liquido y tan altamente participado como es el FOREX, esto puede ocurrir, como de hecho lo hizo.

Recientemente un reporte de Bloomberg de junio del 2013 informó que los traders de los bancos más grandes del mundo habrían manipulado las tasas WM/Reuters[24] para moverlas a su favor, realizando transacciones en los 60 segundos previos al periodo en el que las tasas son fijadas. Así, la posible manipulación – que tendría efectos a nivel mundial y habría afectado fondos por un valor de US$ 3.6 billones según Morningstar Inc – fue realizada con el objetivo de apropiarse del diferencial de tasas de compra y venta de divisas en desmedro de sus clientes.

Según Bloomberg, un trader comentó que si recibía una orden a las 3:30 pm

---

[24] Tasas de interés. Reuters

para vender mil millones de euros a cambio de francos suizos (CHF), buscaría vender sus propios euros al mayor precio posible y mover la tasa WM/Reuters a un menor valor. Así, a las 4:00 p.m. – cuando se fija la tasa WM/Reuters – compraría los francos suizos (por euros) a su cliente a un menor valor.

El beneficio de los traders, por lo tanto, dependería del diferencial entre la tasa WM/Reuters y el mayor precio al que logró vender sus propios euros.

A causa de ello, al menos doce traders ya han sido suspendidos y al menos once bancos han iniciado ya investigaciones internas. Por lo pronto, ya se han iniciado al menos dos demandas por acciones colectivas en contra de Barclays, Citigroup, Credit Suisse, Deutsche Bank, JPMorgan Chase, Royal Bank of Scotland y UBS. Que fueron presuntamente los bancos involucrados en la estafa.

Cabe destacar que a diferencia de otros instrumentos financieros, el FOREX al contado es un mercado de instauración reciente y aún no posee una regulación específica para el control de los sistemas intermediarios.

Algunas casas bróker y corredoras han suplido esta carencia optando libremente por solicitar el control a través de otros sistemas reguladores como los asociados a la bolsa de valores o el mercado de futuros en los países donde se comercie, al fin de ofrecer ciertas garantías a los clientes. Así su comercialización puede ser seguida auditada y vigilada por las autoridades gubernamentales con el fin de que funcionen de la forma más eficientemente posible dentro de las reglas que el propio sistema tiene establecidas.

Hay numerosas autoridades reguladoras, denominadas a menudo "agencias reguladoras" o "comisiones reguladoras", al menos una en cada país.

La siguiente es una lista breve de las autoridades reguladoras en varias jurisdicciones (concretamente, las del G8+5. Así comprobarás que muchas corredoras estan bajo la regulación de los siguientes autoridades reguladoras financieras.

- BAFIN Autoridad Federal de Supervisión Financiera, Alemania.
- FSA  Autoridad de Servicios Financieros. EEUU.
- FCA Autoridad de Servicios Financieros, Reino Unido.
- CMNV Comisión de Mercado Nacional de Valores, España.
- SEC Comisión de valores y bolsa,  EE.UU.
- CFTC Commodity Futures Trading Commission,  EE.UU.
- FED  Sistema de la Reserva Federal ("Fed"), EE.UU.
- FDIC Corporación Federal de Seguro de Depósitos,  EE.UU.
- OCC Office of the Comptroller of the Currency, EE.UU.
- CVM Comisión de valores mobiliarios, Brasil.
- IDA Investment Dealers Association of Canada.
- CSRC China Securities Regulatory Commission, China.
- CIRC China Insurance Regulatory Commission  China.
- CBRC China Banking Regulatory Commission  China.
- AMF Autoridad de los mercados financieros, Francia.
- SEBI Junta de Bolsa y Valores de la India, India.
- RBI Banco de Reserva de India, India.
- CONSOB Commissione Nazionale per le Società e la Borsa, Italia.
- SESC Securities and Exchange Surveillance Commission, Japón.
- SFC Superintendencia Financiera de Colombia, Colombia.
- FSFR Servicio Federal de los Mercados Financieros  Rusia.
- NCR Regulador nacional de crédito, Sudáfrica

## 3.1 Participantes

Antes de profundizar en quienes son y qué estructura social tienen los que participan del mercado de capitales, vamos a ver el porcentaje de participación en el mercado de los diferentes participantes.

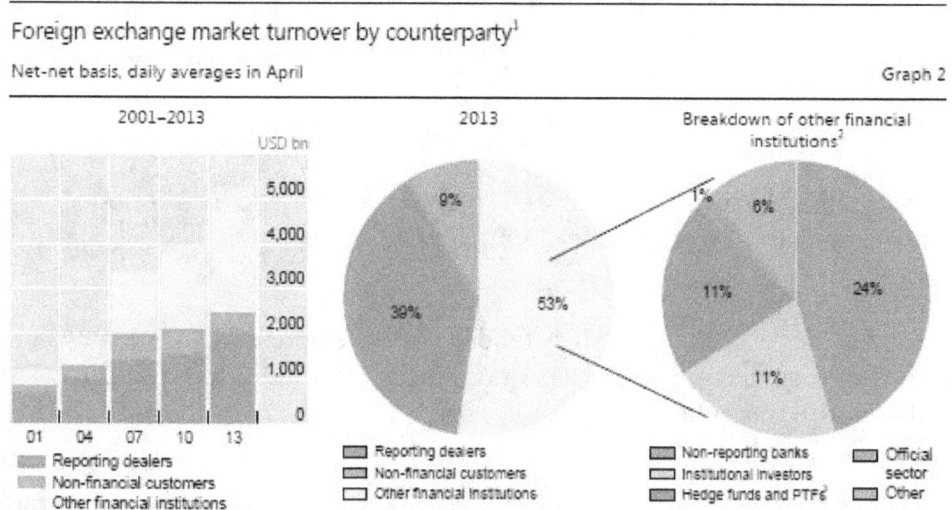

Foreign exchange market turnover by counterparty[1]

Net-net basis, daily averages in April

Graph 2

[1] Adjusted for local and cross-border inter-dealer double-counting, ie 'net-net' basis. [2] For definitions of counterparties, see page 19. [3] Proprietary trading firms.

Source: BIS Triennial Central Bank Survey. For additional data by counterparty, see Tables 4 and 5 on pages 12-13.

Para ello nos remitimos nuevamente a los datos oficiales proporcionados por las encuestas trienales del BIS, en el que se determina que el crecimiento del comercio de divisas en los últimos años se ha visto impulsado principalmente por las instituciones financieras no declarantes al banco internacional de pagos (BIS), es decir: bancos regionales, inversionistas institucionales y empresas propietarias de sistemas y fondos de cobertura(hedge funds y PTFs); Resultando curioso destacar que el comercio de las instituciones financieras del sector oficial , como los bancos centrales y los fondos soberanos de riqueza representan menos del 1% del mercado mundial de divisas en 2013 Abril.

Por otra parte la encuesta 2013 por primera vez proporciona un mayor desglose sectorial de esas otras instituciones no declarantes (las cuales mueven un 53% del volumen transado).

Dentro de este elevado porcentaje de 53% Las cifras indican que:

- Los bancos regionales (que no participan en la encuesta ni en la presentación de informes los concesionarios) que sirven como los clientes de los grandes bancos, cuenta con aproximadamente un 24% del volumen global FX.

- Los inversionistas institucionales, tales como fondos de pensiones y compañías de seguros representan el 11 %.

- Los fondos de cobertura (hedge funds) y las empresas comerciales propietarias de sistemas (incluidas las que utilizan algoritmos y HTF) otro 11 % del volumen transado.

Mientras que aproximadamente un 39% de volumen transado deriva de operadores bancarios declarantes al sistema BIS.

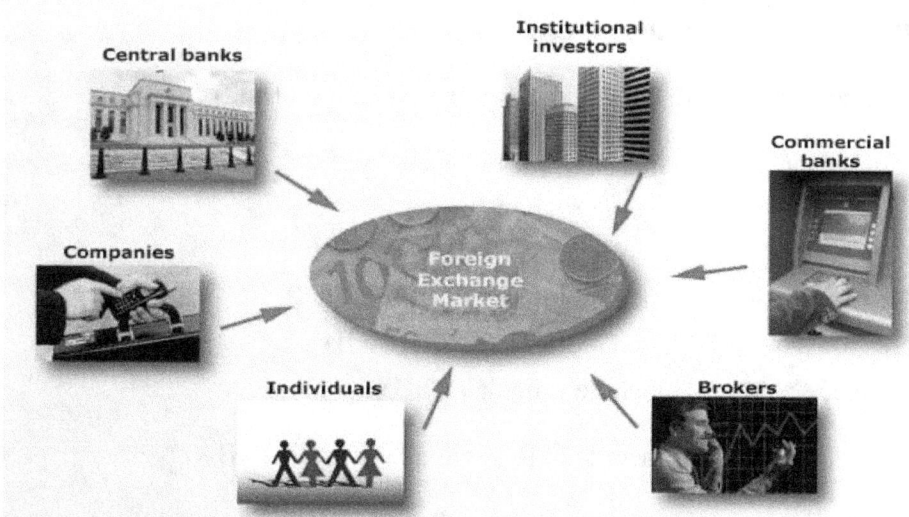

Ilustración cortesía opciones binarias

Ahora profundicemos   en quienes son los principales participantes del mercado FOREX. Se dividen en varios grupos:

### 1. **Bancos Centrales.**

 Su influencia puede ser:

-Directa a través de  intervenciones monetarias.

- Indirectas a través de la masa monetaria y la tasa de interés.

El banco central puede actuar en el mercado unilateralmente para dirigir la moneda nacional, o en conjunto con otros bancos centrales para aplicar una política monetaria común en el mercado internacional o para realizar intervenciones comunes. Los bancos centrales nacionales participan en  el FOREX normalmente sin fines lucrativos.

| País | Banco Central |
|---|---|
| Estados Unidos | Estados Unidos Reserva Federal (Fed) |
| Unión Europea | Banco Central Europeo (BCE) |
| Japón | Banco de Japón (BoJ) |
| China | Banco Popular Chino (PBC) |
| Reino Unido | Banco de Inglaterra (BoE) |
| Suiza | Banco Nacional Suizo (SNB) |
| Canadá | Banco de Canadá (BOC) |
| Australia | Banco de la Reserva de Australia (RBA) |
| Nueva Zelanda | Reserva de Nueva Zelanda (RBNZ) |

## 2. **Bancos comerciales.**

Ellos realizan el mayor volumen de operaciones en el mercado de divisas y otros participantes del mercado realizan operaciones a través de las cuentas abiertas en estos bancos.

El volumen diario de sus operaciones alcanza billones de dólares (USD). Su particularidad principal es un volumen considerable de operaciones, que puede afectar las cotizaciones.

Hasta hace poco tiempo, los operadores en divisas participaban activamente en este negocio, facilitando a las partes que negociaban el cumplimiento efectivo de sus órdenes a cambio de unos honorarios limitados. Hoy, sin embargo, gran parte de este negocio se ha trasladado a sistemas electrónicos más eficientes, tales como EBS, Reuters, la Bolsa de Comercio de Chicago, Bloomberg y TradeBook.

Los cinco mayores bancos ocupan alrededor del 57% del comercio mundial de divisas y las diez instituciones financieras más grandes en su conjunto alcanzan casi el 80 por ciento de segmento de mercado mundial del FOREX.

Si bien el número de firmas que participa en el FOREX es elevado, los bancos Deutsche Bank, Citigroup, Barclays y UBS son los líderes del mercado con una participación conjunta del 50.4%, de acuerdo a un reporte emitido por Euromoney Institutional Investor Plc en mayo del 2013.

Destacamos los 10 primeros en  bancos comerciales junto a su cuota de participación de mercado FOREX  en el 2013  y 2012:

| Banco comercial | Cuota de participación 2012 | Cuota de participación 2013 |
|---|---|---|
| Deutsche Bank | 14,57% | 15,18% |
| Citibank | 14,57% | 14,90% |
| Barclays | 10,95% | 10,24% |
| UBS | 10,48% | 10,11% |
| HSBC | 6,72% | 6,93% |
| JP Morgan | 6,60% | 6,07% |
| RBS | 5,86% | 5,62% |
| Credit Suisse | 4,68% | 3,70% |
| Morgan Stanley | 3,52% | 3.,15% |
| Bank of America | 3,12% | 3,08% |

Pese a ser muy reputado y conocido Goldman Sachs no se encuentra este año en las lista de los diez primeros y ha sido reemplazado por Bank of America, encontrándose ocupando el puesto n° 11 en volumen negociado en FOREX.

### 3. Empresas que realizan operaciones en el comercio exterior.

Principalmente acuden al mercado de capitales para dar cobertura a sus transacciones empresariales en el comercio internacional.

Las empresas que participen en el comercio internacional muestran una demanda estable por monedas extranjeras (importadores) y una propuesta de monedas extranjeras (exportadores), y también colocan o atraen saldos libres como depósitos de corto plazo.

Normalmente estas organizaciones no poseen acceso directo al mercado de divisas y realizan operaciones de conversión y de depósito a través de bancos comerciales.

   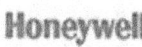  

     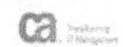

    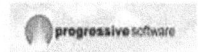

**4.** <u>**Compañías que realizan inversión de activos en el extranjero**</u>

(Fondos de Inversión, Fondos del Mercado Monetario, Corporaciones internacionales).

Estas compañías, representadas por diferentes fondos internacionales de inversión aplican una política de gestión diversificada de portafolio de activos, colocando fondos en papeles de valor de Gobiernos y corporaciones de diferentes países. En el slang de los dealers, se llaman fondos o funds, entre los cuales se destacan los más conocidos:

- El hedge Fund «Quantum» de George Soros que es un fondo de inversiones privadas que administra un capital de entre 4 y 7 mil millones de US$., y que ha ganado más de 4000 millones de dólares en 2013.

  El *Quantum Fund* está registrado en el oasis tributario caribeño de las Antillas Holandesas (Aruba) para evadir la supervisión de las autoridades estadounidenses. Sus directores son una mezcla de economistas de Suiza e Italia...contando con prominentes personalides en el fondo entre los que se observan personajes pertenecientes al conglomerado bancario anglo-francés de los Rothschild con Richard Katz (jefe de la "Rothschild Italia S.p.A." de Milán) o Nils O. Taube.

- El hedge Fund «Dean Witter».

- El hedge Fund Paulson & Compañía

- El hedge Fund Renaissance Technologies

- El hedge Fund Harbinger Capital Partners

  Entre otros.

  Aquí te expongo datos de las ganancias de los diez hedge funds más exitosos de 20007.

## They Got Theirs, and Then Some

Top-earning hedge fund managers in 2007.

| | FUND | EARNINGS, MILLIONS | |
|---|---|---|---|
| John Paulson | *Paulson & Company* | $3,700 | |
| George Soros | *Soros Fund Management* | 2,900 | |
| James Simons | *Renaissance Technologies* | 2,800 | |
| Philip Falcone | *Harbinger Capital Partners* | 1,700 | |
| Kenneth Griffin | *Citadel Investment Group* | 1,500 | |
| Steven Cohen | *SAC Capital Advisors* | 900 | |
| Timothy Barakett | *Atticus Capital* | 750 | |
| Stephen Mandel Jr. | *Lone Pine Capital* | 710 | |
| John Griffin | *Blue Ridge Capital* | 625 | |
| O. Andreas Halvorsen | *Viking Global Investors* | 520 | |

*Source: Institutional Investor*

A este tipo de empresas también pertenecen grandes corporaciones internacionales, que realizan inversiones de producción en el extranjero: creando sucursales, empresas comunes, etc., como por ejemplo Xerox, Nestle, GE (General Electric), BP (British Petroleum) y otras.

### 5. <u>Bolsas de divisas.</u>

En algunas economías en tránsito existen bolsas de divisas. Entre sus funciones están: el realizar operaciones cambiarias para personas jurídicas y formar el tipo de cambio en el mercado. El Estado normalmente regula el tipo de cambio, usando la compacidad del mercado bursátil.

## 6. **Empresas broker**

Las empresas Broker tienen como objetivo realizar operaciones de conversión o de crédito/débito entre el vendedor y el comprador de una divisa extranjera. Por su intermediación las empresas broker cargan una comisión de broker, como un porcentaje del monto de la operación.

Últimamente, las así llamadas ECN (Plataformas Trading – Redes Electrónicas de comunicación) se desarrollaron considerablemente. Sus clientes son bancos más grandes, compañías broker o bancos privados.

El acceso a tales broker suele ser complicado y la mayoría de los inversores individuales no lo tienen. Se considera que este tipo de broker no representa contraparte en transacciones con sus clientes, es decir no es un market-maker y solo carga comisiones por su intermediación.

Las **ECN** son un grupo de servidores (computadoras de alto rendimiento) instaladas físicamente en la sede de una corredora o de un mercado. Existen tres tipos de ECN.

■ Regulados

■ No Regulados

■ Proveedores de mercado (market makers).

Siendo estos últimos los más comúnes en el FOREX.

Ahora sólo las nombraremos a fin de informarte de quienes son los participantes en el mercado de capitales, pero ampliaremos la información sobre las corredoras en su sección específica dentro de este libro.

## 7. Inversores individuales.

También llamados operador retail o al detalle. Son personas físicas que realizan un amplio rango de operaciones no comerciales: turismo, transferencias de salario, pensiones, honorarios, compras y ventas de divisas en efectivo, etc.

Con la aparición del apalancamiento, los inversores individuales están teniendo la oportunidad de invertir sus fondos libres en el mercado FOREX con fines lucrativos y especulativos o como instrumentos de inversión.

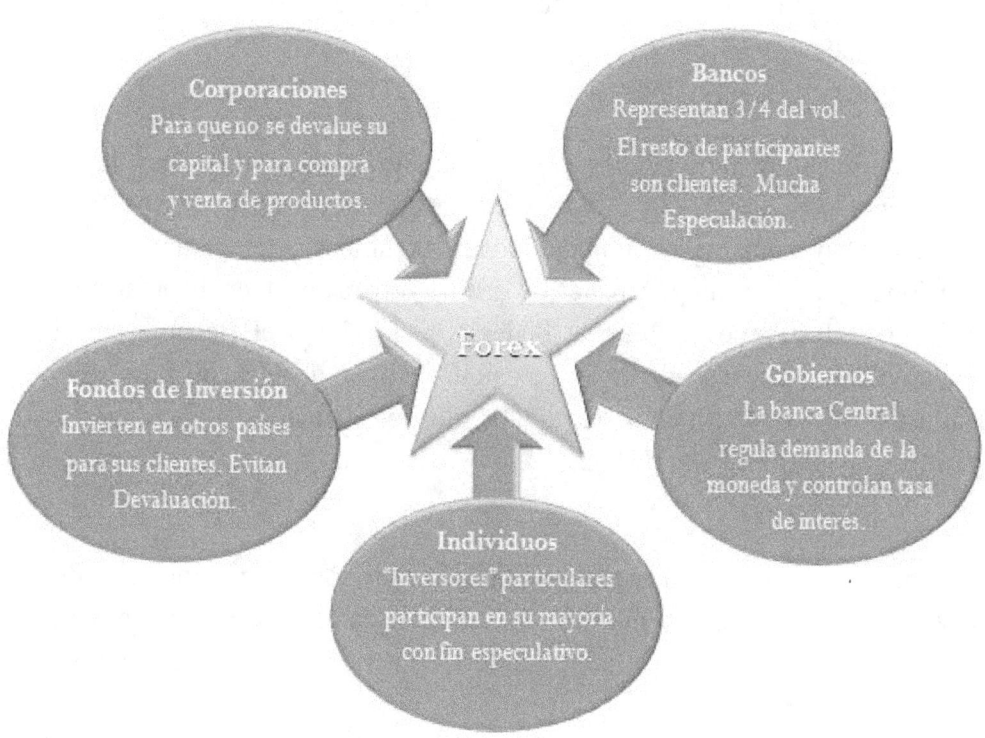

Ilustración cortesía trading united

### 1.5.1. Corredoras o casas brokers

A "grosso modo" las casas broker son entes encargados de actuar como intermediarios en el mercado electrónico entre compradores y vendedores mediante una comisión, que puede ser fija o variable a través de diferenciales spread.

Al ser el FOREX un mercado de reciente creación (los orígenes del negocio comercial electrónico del mercado de divisas los encontramos en 1999 cuando la corredora Matchbook FX promueve el primer ECN exclusivo para operar divisas) operativo 24 horas al día, desde cualquier parte del mundo y de forma continuada a través de redes electrónicas integradas, no teniendo sede en un único país se dificulta unificar su regulación a nivel transfronterizo.

Por otra parte, en un mercado descentralizado, la negociación no tiene lugar en un mercado regulado. No es controlada por ningún órgano de gobierno central, no hay cámaras de liquidación estructuradas para garantizar las operaciones y no hay ningún panel de arbitraje para resolver disputas Los bancos centrales como la Reserva Federal de EEUU o el Banco Central Europeo ofrecen cierto grado de supervisión. Pero, en general, los mercados de divisas están mucho menos regulados que los mercados de acciones o bonos.

Así se podría hablar de una regulación unificada común para el mercado de capitales y otra de jerarquía inferior que sería la de cada país emitiría para la comercialización a través de corredoras intermediarias dentro de su jurisdicción territorial.

Las corredoras intermediarias sí es necesario que cuenten con una licencia para poder realizar operaciones de corretaje financiero en cada país donde ejercen su licencia empresarial, como cualquier otra empresa. Pero no requieren de una regulación específica de su actividad puesto que no existe en todos los países, no obstante los brokers minoristas de FOREX de cierto renombre están supervisados en muchos países por las autoridades financieras nacionales, y aceptan obligatoriamente un arbitraje en caso de cualquier disputa. Estos son preferidos por los clientes en relación a aquellos que no tienen dicha supervisión.

Algunos países la poseen, otros no, y es en estos donde la corredora encuentra su laguna legislativa, pudiendo utilizar la regulación específica de otros instrumentos financieros voluntariamente  a fin de dar mayor confianza al inversor o aprovechar ese vacío legal  especifico para no  estar sometidas a ningún tipo de regulación respecto a su actividad empresarial, sin por ello  poder determinarse que sean ilegales, pues se amparan en dicho vacío legislativo.

En Estados Unidos, Inglaterra y Suiza las casa broker deben estar obligatoriamente registradas y eso genera un nivel de confianza importante a la hora de escoger una casa broker para invertir nuestro dinero. En algunos

paraísos fiscales existen organismos reguladores pero de poca credibilidad.

En los Estados Unidos (EE.UU.), los corredores están auto-regulados por la Financial Industry Regulatory Authority (FINRA), una organización de autorregulación de la industria del corretaje y la Securities and Exchange Commission (SEC).

Para aquellos corredores que tienen su sede en el Reino Unido (UK), la tarea de regular a los agentes cae bajo el ámbito de la Financial Services Authority (FSA), un órgano cuasi-judicial.

Los estados miembros de la UE tienen sus propios cuerpos normativos respectivos que siguen los estándares recomendados en el marco legal establecido por la Unión Europea. Estos son los principales organismos reguladores de control que garantizan que los agentes rindan cuentas con un estándar fiduciario.

Actualmente en Europa se cuenta con la creación del MiFID I (Directiva sobre Mercados de Instrumentos Financieros) desde 2007 y su actualización a través del MiFID II en 2011, (Esta directiva de la UE entró en vigor el 1 de noviembre de 2007.) El MiFID, conforma un organismo regulatorio destinado a mejorar la competitividad de los mercados de capitales de la UE y garantizar un mayor grado de protección de los inversores, presentando una serie de nuevos requisitos que especifican cómo las empresas de inversión van a realizar negocios con sus clientes en cualquiera de los países que conforman la EEUU.

Otro paso más en base a la protección del inversor minorista la forma la creación de La Retail Distribution Review (RDR) es el nombre que da la Autoridad de servicios Financieros de Reino Unido. El RDR afectará a todas las firmas que integran la cadena de valor, desde los creadores de productos hasta los aseguradores o los gestores de activos hasta las distribuidoras, como bancos, administradores de patrimonio o los consejeros financieros independientes. Su objetivo es conseguir un cambio estructural en la industria minorista de inversión, para que el consumidor tenga más confianza en que el consejo que le dan y los productos que le venden son los que mejor acoplan a sus necesidades. Su vigencia, a principios de 2013, está acelerando los cambios en el mercado minorista de inversión de Reino Unido.

## 3.1 Tipos de broker

Escoger un buen bróker es fundamental. Hay varios tipos de brokers de FOREX, desde las estructuras perfectamente legítimas hasta las que proveen data ficticia y manipulada (una especie por decirlo así de casas de apuestas ilegales que distan poco de lo que es la realidad del mercado) por tanto es de vital importancia que las conozcas y sepas distinguirlas a la hora de seleccionar la que más se adecúe a la protección de tus intereses.

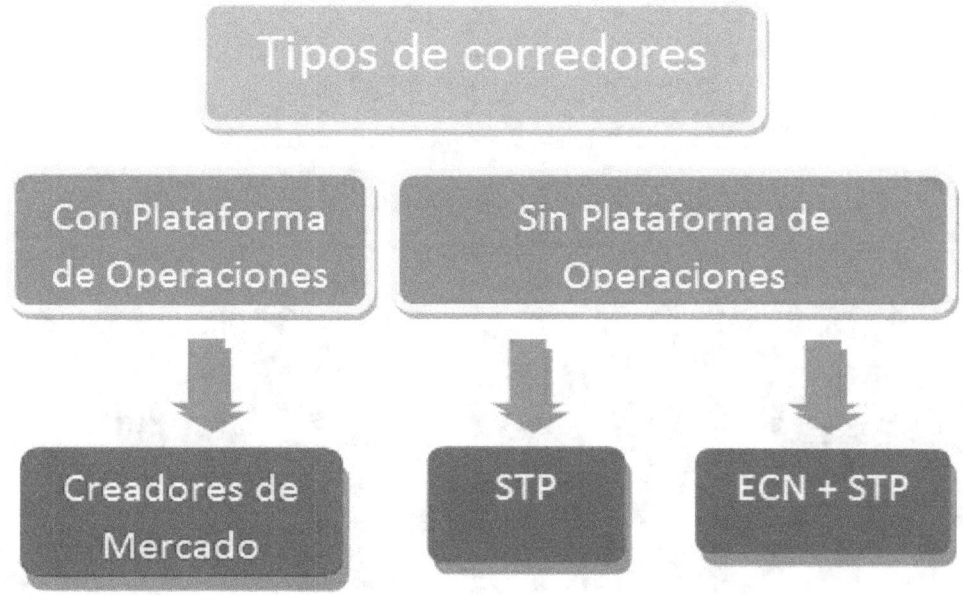

Ilustración cortesía opere divisas

Cada tipo de corredor representa un nivel diferente en el mercado FOREX. Algunos pertenecen al primer nivel y tienen acceso directo al mercado de divisas, mientras que otros están muy distantes y tienen muy poca conexión con el mercado de FOREX.

Sin embargo, la mayoría de estos tipos de corredor son legales en la mayoría de los países y son utilizados por los diferentes tipos de operadores.

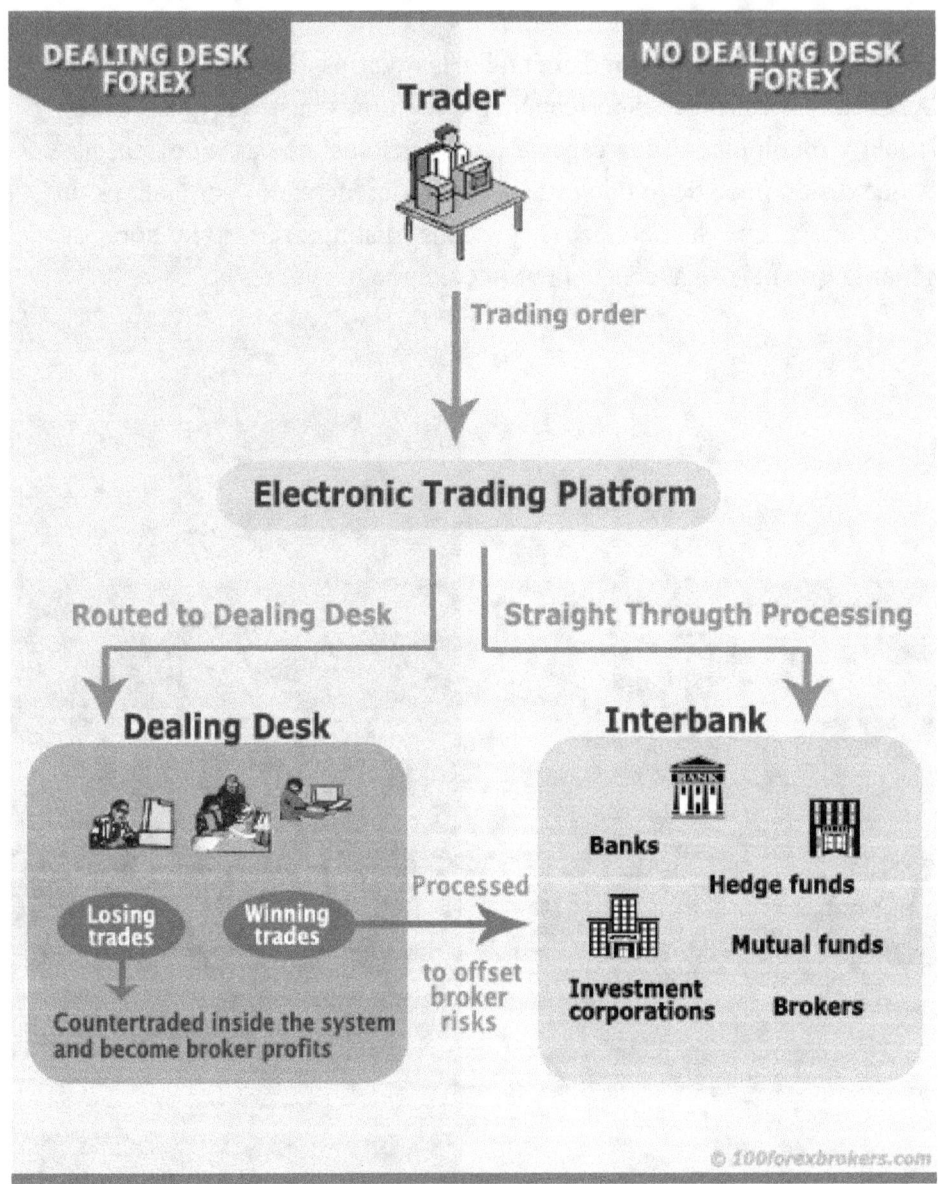

Ilustración cortesía de 100 FOREX broker

A grandes rasgos los brokers los podemos agrupar  en ECN y Market Maker.

o **ECN.**

Son Redes de comunicación electrónica. Por su siglas en ingles (Electronic Communications Network). Operan por medio de redes electrónicas, tomando los precios publicados por múltiples participantes del mercado, mostrando las mejores cotizaciones disponibles. Son un grupo de servidores (computadoras de alto rendimiento) instaladas físicamente en la sede de una corredora o de un mercado. Como ventaja encontramos que los diferenciales para tradear  (spread) suelen ser muy bajos y que existirá un menor coste operacional.

Las ECN son simplemente un sistema que organiza las ofertas y las demandas sometidas por miles de operadores en tiempo real a una velocidad imperceptible al ojo humano (4 mil millones de órdenes por segundo). Constituyen el avance en materia bursátil más importante y permite que un Mercado pueda abrir sus puertas las 24 horas del día, pero también es el ambiente ideal para realizar las grandes manipulaciones a través de los HFT.

Existen muchas corredoras que ofrecen los servicios de ECN, pero no todas son "proveedores de mercado" reales. Muchas de ellas son simplemente una especie de intermediarias y conectan a sus clientes al ECN de una corredora más grande colectando una parte de las comisiones. Estas son generalmente conocidas como corredores introductores (introducing brokers).

Existen tres tipos de ECN:

- Regulados

- No Regulados

Los ECN no regulados donde las corredoras hacen el papel de proveedores de mercado conglomerando a un número de bancos que proveen la liquidez necesaria para mantener los libros de cotizaciones de las ECN altamente líquidos.

- <u>Los Markets-makers o proveedores de mercado.</u>

Desde la página oficial de la NFA (National Futures Association - Estados Unidos) se define a un market maker como un dealer[25] profesional que tiene la obligación de comprar cuándo exista un exceso de órdenes de venta y de vender cuándo exista un exceso de órdenes de compra.

Esto hace referencia a que los market markers son la contrapartida de sus clientes (inversores y traders), es decir, cuándo un market maker recibe una orden de un cliente, busca una orden que la compense de otro cliente; en el que caso de un exceso de órdenes de un determinado tipo, el market maker no podrá compensar esta orden con la orden de otro cliente, teniendo la obligación entonces de comprar (o de vender) al cliente o llevar esta operación al mercado.

---

[25] Dealer es el nombre que recibe un intermediario en cualquier mercado de valores o financiero

Esta obligación tiene un límite de volumen a partir del cuál está obligación desaparece, lo que depende del órgano regulador o legislación que afecte al market maker; debido a este límite, una orden muy grande puede no ser ejecutada al mismo precio en diferentes market markets.

El nombre de market maker viene del hecho de que provee de liquidez continua y regular a sus clientes: por ejemplo, puede que haya un cliente de un market maker que quiera comprar, esta orden es absorbida por el market maker, la compensa con la orden de otro cliente, actuando como buffer ante posibles faltas de liquidez del mercado (caso en el que un inversor quiera comprar (o vender) y no haya una contraparte en el mercado que quiera vender (o comprar)), es decir, crea un mercado entre sus clientes. Cuando un operador abre una operación, el broker abre la operación contraria, si el operador compra un par, el broker le vende el mismo.

De esta manera los brokers se pueden cubrir Negocia las ordenes entre sus propios clientes principalmente o contra si mismo, se podría decir que no entra dentro de su sistema el envió sistemático de las ordenes al mercado real, sino que él mismo crea mercado primero entre la corredora y el corredor primario y posteriormente la distribuye entre sus cliente.

En el mercado FOREX los market makers suelen ser bancos, instituciones, plataformas de comercio de divisas, empresas o conjunto de ellas, que están siempre disponibles para comprar o vender de forma inmediata un determinado volumen de forma continua y regular a un precio público y un determinado instrumento financiero puede tener varios market makers y cada market maker puede ser creador de mercado para varios mercados.

En realidad estos últimos (que son la mayoría) actúan como creadores de mercado, eso quiere decir que este tipo de brokers siempre actúan como contrapartida de todas las operaciones que ingresemos (Este tipo de actuación por parte del market-maker hace que pueda existir un cierto conflicto de intereses entre el intermediario y el cliente, es por ello que son preferibles los negociadores ECN en los que las operaciones del cliente van directos al mercado y no a la contrapartida de la corredora.

Ventajas de los brokers Market Maker

- Ofrecen plataformas de trading avanzadas más amigables.

- Menor volatilidad que los precios ofrecidos por brokers Non Dealing Desk o ECN. Para los scalpers esto puede ser una desventaja.

Desventajas de los brokers Market Maker

- Pueden presentar un claro conflicto de intereses en la ejecución de algunas órdenes.

- Peores precios bid/ask[26] que aquellos que un trader puede obtener con un broker ECN.

---

[26] Bid/Ask El precio de venta del mercado (ask) es el precio al que tú le compras al mercado. El precio de compra del mercado (bid) es el precio al que tú le vendes al mercado. El precio de compra siempre es más bajo que el precio de venta. La diferencia entre el bid y el ask forma la horquilla de precios, también llamada "spread" y supone la comisión de la casa broker por permitirte tal transacción a través de ellos.

- Pueden manipular los precios para ejecutar los stops de sus clientes o impedir que las operaciones de estos alcancen sus objetivos de toma de ganancias. No es práctica común en estas compañías, sin embargo si ocurre en brokers de dudosa procedencia.

- Tendencia a un alto grado de deslizamiento (slippage[27]) cuando son dadas a conocer noticias del mercado relevantes. En periodos de alta volatilidad a veces queda bloqueado el sistema o la pantalla evitando que el trader abra o cierre posiciones.

- Scalpers en "ejecución manual", lo cual significa que sus órdenes pueden no ser ejecutadas al precio que ellos desean.

---

[27] El término "slippage" se refiere a la diferencia entre el precio previsto de una transacción y el precio en el que la transacción tiene lugar de hecho. El slippage suele ocurrir en periodos de gran volatilidad del mercado, cuando circunstancias imprevistas, como por ejemplo, eventos noticiosos de gran impacto, producen cambios inesperados en el mercado

Otro modo de clasificar a las corredoras es en base a cómo manejan tus ordenes. Así se clasifican en 3 categorías:

### 1. DD (Dealing Desk)

En el mercado de divisas tu peor enemigo puede ser tu propio broker.

La "mesa de negociación" es una plataforma virtual que utilizan este tipo de FOREX Brokers para filtrar todas tus ordenes y obtener beneficios mediante la "diferencia" de la cotización (spread) del mercado real. La corredora compra al mercado real y luego te revende a ti a un precio ficticio fijado por su sistema.

En 2006 Meta Quotes Software, la misma compañía que había creado el software de la plataforma de intercambio de divisas más popular: el MetaTrader 4.0, creó también otro software que permitía las casas broker crear un grafico sintético de negociación de FOREX, totalmente ficticio para servirnos la data adulterada.

Este software llamado "Virtual Dealer Plugin" permite a la corredora ajustar algunos parámetros de la plataforma de negociación con características que pueden ser modeladas a voluntad y beneficio de la casa broker como Requotes, retrasos en la operativa, ampliaciones del spread, etc. (fundamentalmente con el fin de dar los peores precios del mercado al cliente mientras que ellos lo adquieren al mejor precio del mercado y así artificialmente aumentan sus ganancias en base al spread ampliado que producen artificialmente debido al retraso en la ejecución de las órdenes que emite al mercado real).

Con este software se abre las puertas para que las casas broker puedan adulterar sus datas y graficas, pudiendo servir al trader una plataforma que aunque en forma y modo se aproxime al mercado auténtico, sea totalmente ficticia en los datos suministrados.

Algunas de sus características incluyen:

- El retraso de las órdenes del cliente hasta 5 segundos con el fin de poder ofrecer el peor precio posible al cliente.

- Incremento de los spread con el fin de hacer saltar stops-loses.

- Alterar los gaps del mercado (huecos en las cotizaciones), por lo que los las órdenes se activan al precio del hueco y no a los precios solicitados por el cliente.

- Inhabilitación, fijación, modificación o supresión de las órdenes pendientes en tiempos de noticias.

- Automatizar el recorrido de los spread, limitándolos y deteniéndolos antes de alguna noticia fundamental.

- Reducir el apalancamiento para forzar la liquidación de las mayores posiciones de sus clientes.

Y mucho más…

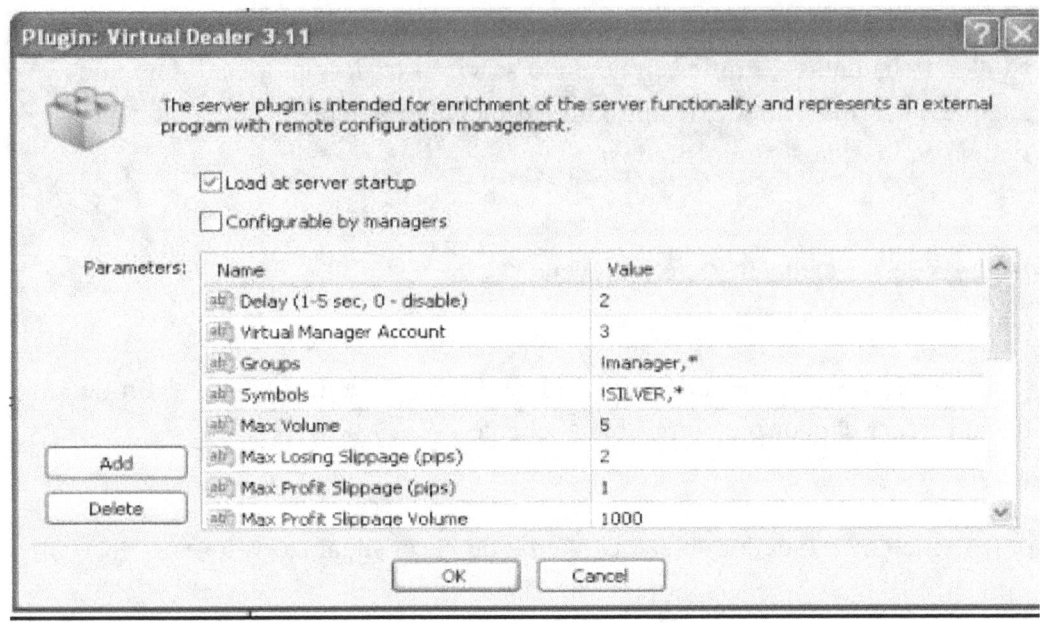

Menos más que lo mismo que existe un software que trabaja a favor del broker y en tu contra, existen también software que te permiten comprobar si existe manipulación en tu corredora a través de un programa "anti-broker".

Estos son un conjunto de herramientas de pago que te permitirá monitorear todas las actividades que tu FOREX Broker realiza en tu cuenta en tiempo real. Identifican si tu broker esta utlizando el virtual dealer pluguing para desvirtuar la data genuina del mercado, entre otros.

Los más conocidos son:

- 4xGuardian
- 4xSentinel
- $X Wacht

Todos ellos son herramientas Metatrader diseñados para proteger contra la manipulación corredor por el uso de la "Dealer Virtual Plug-in" que detectan y alertan de la siguiente actividad sospechosa en la plataforma que te facilita tu broker tales como:

- Recotizaciones ( requote[28])

- Desviaciones de precios(slippage[29])

- Delay (retrasos en los tiempos de ejecución)

- Cambios de margen

- Análisis Spread

- Desconexiones del servidor Broker

- Desconexiones de servidores Internet

- Metatrader 4 conflictos detección

- Y mucho más

Las características principales de estas compañías Dealing Desk son que:

- No cobran comisiones

- Ofrecen altos apalancamientos superiores a 1:100

- Abrir una cuenta es sumamente fácil

- Depósitos mínimos menores a $10,000 dólares

---

[28] Cuando se da un requote nos ejecutan un precio diferente al que vimos en el momento de apretar el botón. Por ejemplo, compro a 1.3545, pero el precio se ha movido tan rápido que la orden me queda en 1.3555. Se supone que los requotes se dan en momentos de gran volatilidad como pueden ser anuncios macroeconómicos importantes. En esos momentos los precios se deslizan de una manera muy fuerte, y la liquidez es momentáneamente retirada del mercado.

[29] El término "slippage" se refiere a la diferencia entre el precio previsto de una transacción y el precio en el que la transacción tiene lugar de hecho.

- Las "diferencias" en las cotizaciones son fijas (fixed spread)
- La gran mayoría utiliza la plataforma MetaTrader (MT 4.0, MT 5.0)

Estas compañías, por desgracia las mas numerosas debes evitarlas, pues la data y las graficas que te ofrezcan estarán adulteradas. Suelen utilizar políticas publicitarias agresivas, así se nutren de nuevos clientes desinformados y engañados ("sangre fresca") al mundo del FOREX promoviendo falsas expectativas de ingresos.

### 2. NDD-STP (Non Dealing Desk – Straight Thought Processing)

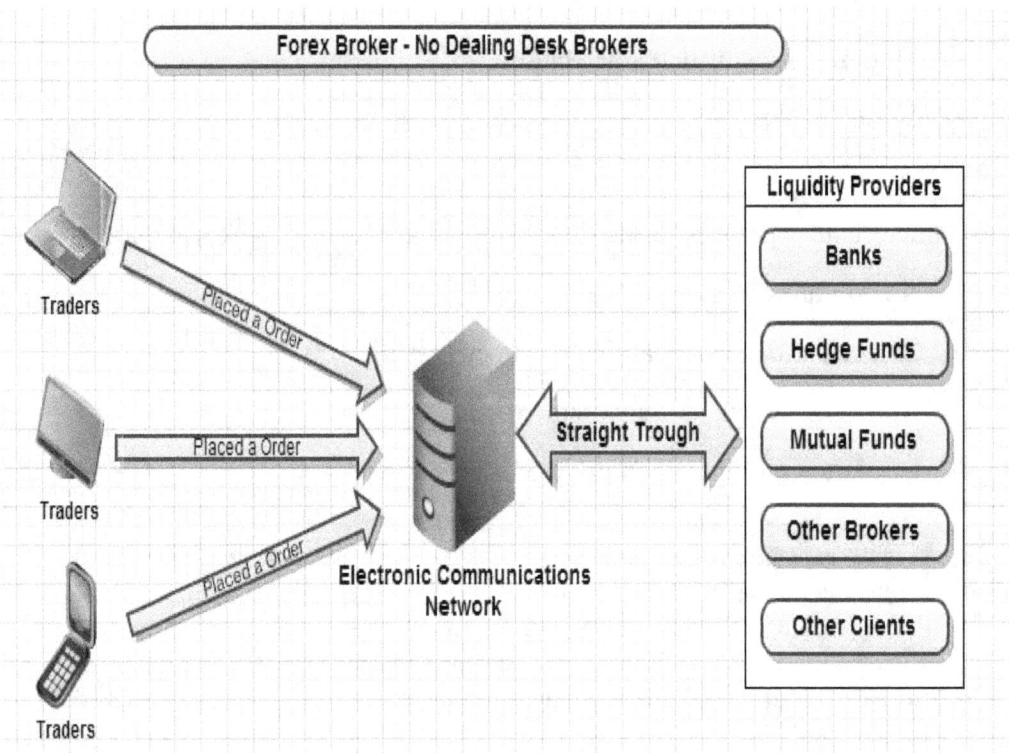

Ilustración cortesía técnicas de trading

Son algo más genuinas. No poseen una mesa de negociación pero sus "diferencias" (spreads) en las cotizaciones son variables dependiendo del momento en que emitas tu orden.

Esto se debe a que la liquidez en el mercado FOREX es diferente durante cada una de las 4 sesiones (London, New York, Tokio, Sydney) y por ende estos FOREX Brokers ajustan la "diferencia" (spread) de acuerdo al nivel de liquidez del momento.

El procesamiento directo (Straight Thought Processing) es la modalidad utilizada por estos FOREX Broker y no es más que un sistema de fijación de cotizaciones que les permite a ellas obtener beneficios mediante la "diferencia". Estos FOREX Brokers agrupan a varios bancos proveedores de liquidez y fijan la "diferencia" con ellos, siendo estos bancos sus únicos proveedores de data. Por ende, tampoco te cobrarán comisiones.

La modalidad STP tiene la ventaja de que las "diferencias" son considerablemente más ajustadas que en los FOREX Brokers DD (Dealing Desk).

Este tipo de FOREX Broker es ideal para personas que piensan especular en temporalidades grandes (4 horas, diario, semanal), donde unos cuantos pips de más en la "diferencia" no le representa un costo extra anual considerable, debido al bajo volumen transaccionado.

Para identificar uno de estos FOREX Brokers debes visitar el portal de cada candidato. En muchos casos ellos mismos te dicen el sistema de procesamiento de órdenes que utilizan. Al ser un beneficio las corredoras suelen indicarlo en su página con el fin de  diferenciarse  de los que no lo son, Pero si aún así te interesa la empresa, siempre puedes escribirles o llamarles para preguntar.

Ventajas de los brokers NDD STP

- Mayor número de proveedores de liquidez.

- Nunca ofrecen spreads fijos, solo spreads variables. Esto se debe a que las cotizaciones bid/ask cambian constantemente ya que provienen de los proveedores de liquidez.

- Ejecución al mercado de las transacciones no a mesas de negociación.

- No hay recotizaciones del precio.

- Acepta a todos los tipos de estilos de trading: scalping, swing trading, trading con base en noticias del mercado, position trading y otros tipos de estrategias de negociación.

- Profundidad del libro de Mercado o libro de Ordenes (de manera similar a la ejecución ECN), (los traders son capaces de ver todos los precios bid/ask de distintos proveedores de liquidez)

3. **NDD-STP-ECN (Electronic Communications Network)**

Te facilitan el flujo real de las operaciones a cada micro segundo y la data que recibirás es 99% genuina. Tus órdenes serán anónimas y tu corredora no será tu contra-parte. En este caso tu corredora y tú tenéis intereses comunes.

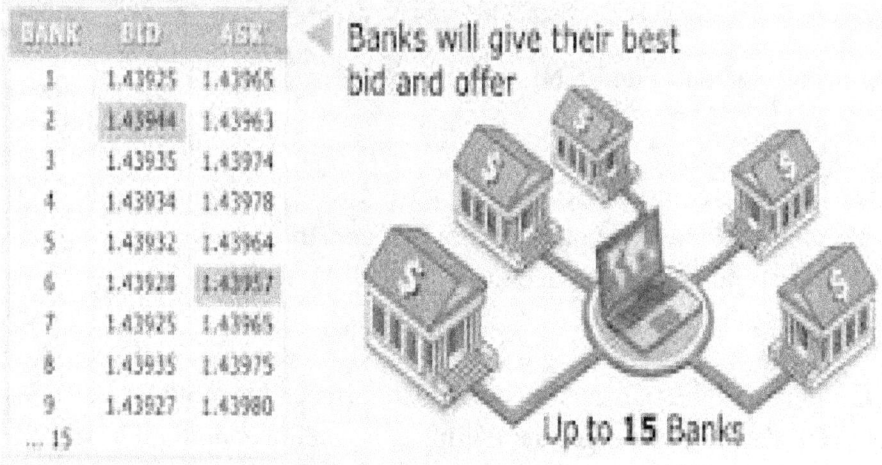

Ilustración cortesía técnicas de trading

Los Brokers tipo NDD-STP-ECN cobran comisiones y son recomendadas para operadores muy activos o para cuentas grandes. Estos FOREX Brokers no presentan el problema de la re-cotización (re-quote) que es la queja principal de los clientes de los otros tipos de Brokers.

Los especuladores profesionales prefieren estos Brokers porque en ellas puedes conseguir la menor "diferencia" posible en las cotizaciones. Si crees que esto no es motivo suficiente para preferirlas, sólo piensa que las corredoras tipo DD y NDD-STP generan millones de dólares al año por concepto de la "diferencia". De hecho, esta es la única forma que tienen de generar beneficios.

Y si lo piensas aún más, cada vez que emites una orden es como si estuvieras trabajando para ellas.

Al utilizar los FOREX Brokers ECN, podrías ahorrarte cientos o quizás miles de dólares al año gracias a una reducción considerable en la "diferencia".

Existen dos tipos principales de ECN:

- Retail ECN: Este tipo de ECN ofrece a sus clientes cotizaciones de unos cuantos bancos y de otros traders que actúan como la contraparte durante las transacciones.

- Institutional ECN: Por su parte, estos ECN ofrecen los mejores precios bid/ask provenientes de múltiples proveedores de liquidez como Market Makers institucionales tales como bancos, a otros bancos e instituciones de diversos tipos como grandes corporaciones y fondos de cobertura (hedge funds).

Ventajas de los brokers ECN

- Mejores precios bid/ask ya que estos derivan de múltiples fuentes.

- Spread reducido e incluso igual a cero. Suelen cobrar comisiones en base al lotaje.

- Los brokers ECN genuinos no operan en contra del trader ya que ellos simplemente pasan las órdenes del cliente a un banco u otro cliente en el lado opuesto de la transacción (para que sirvan como contraparte de la operación).

- No ocurren conflictos de intereses como si ocurre con otros brokers.

- Un verdadero broker ECN tiene interés en que sus clientes ganen dinero lo que significa ganancias más elevadas para la compañía por concepto de comisiones por operación.

- Los precios pueden ser más volátiles, adecuado en caso de scalping.

Desventajas de los brokers ECN

- Plataformas diseñadas para traders profesionales con conocimientos más avanzados del mercado y no están enfocadas en los principiantes.

- Spreads variables.

- Por lo general, los costos de abrir una cuenta ECN son mayores el depósito mínimo es mayor puede superar los $1000.

- Los brokers ECN requieren un tamaño mínimo de transacción de 0.1 lotes (aunque algunos aceptan 0.01 lotes) mientras que los brokers Market Makers aceptan tamaños mínimos de transacción de 0.01 lotes e incluso menos.

- Comisiones por las transacciones, las cuales constituyen el medio por el cual estos brokers obtienen ganancias

### ¿Cómo elegir la casa broker adecuada?

Para elegir el corredor ideal para sus actividades comerciales, hemos identificado varios factores que un operador debe tener en cuenta antes de pensar en el broker con el que operar. Algunos de estos factores son:

- Regulación.-

  De los que ya hemos hablado recientemente, en este mismo capítulo.

- Tipos de Broker. Preferible ECN. (Non Dealing Desk – Straight Thought Processing)

- Capitalización de la Empresa.-

  Aquellas que estan reguladas están bien capitalizadas, pues la propia regulación a la que se somete la obliga (tiene que disponer de un capital social mínimo incluso solicitar la regulación) Anteriormente, podían comercializar productos respondiendo sólo por un capital social de 100.000, actualmente este capital mínimo se ha incrementado.

  Así:

  En EEUU las regulaciones obligan a disponer de un capital superior a 20 millones de dólares de capitalización para que puedan operar. Consulta en la página de CFTC (Commodity Futures Trading Commission) para comprobar si un broker esta regulado y capitalizado.

  La Unión Europea también están siguiendo los pasos de los

EE.UU. en términos de capitalización.

INVESTORS
COMPENSATION
FUND

Te aconsejo que antes de escoger casa broker consultes acerca de su capitalización, de estamento que la regula y también si ellos mismos están asegurados para cubrirse a sí mismos o a través de terceros (por ejemplo a través del Fondo de Compensación de los Inversores (ICF)[30].

- <u>Plataformas de Trading</u> -Una plataforma de negociación de divisas es un software que permite la participación en los mercados financieros. Son las plataformas utilizadas para realizar transacciones en el mercado.

- <u>Servicios al Cliente</u> - Un indicador clave en cuanto a la calidad de la empresa. Entre otros la celeridad a la hora de responder los correos electrónicos del cliente, Capacitación de los operadores de chat en vivo, resolución adecuada de los problemas…

A partir de estas interacciones puedes tener una idea de la seriedad del corredor y cuánto valoran a sus clientes.

---

[30] De conformidad con la Ley de Oferta Pública de Valores y la Directiva 97/9/CE del Parlamento Europeo y del Consejo de 3 de marzo de 1997, relativa a los regímenes de compensación de los inversores **Fondo de Compensación de Inversores (ICF)** establecido en Bulgaria. El Fondo garantiza el pago de una indemnización a los clientes del intermediario (Forex / Broker de Valores), por el dinero en el Fondo, en los casos en que el intermediario (Forex / Broker de Valores) no sea capaz de pagar sus deudas con el cliente, por razones directamente relacionadas con su condición financiera. El Fondo debe pagar una indemnización a cada cliente del intermediario de inversión, a una tasa del 90 por ciento del importe del crédito, pero nunca más de 20 000 euros.

- <u>Entornos comerciales electrónicos protegidos</u>- Usted debe asegurarse de que su plataforma de negociación esté cifrada con una clave de cifrado SSL de 128 bits. Si las transacciones no están cifradas, usted podría exponerse a que los hackers puedan robar sus datos financieros.

## 3.1 Las Plataformas Operativas

La plataforma operativa es un software que  provee al operador información gráfica del mercado a tiempo real, así como sirve cualquier otro servicio que lleve integrado en su sistema: noticias, estadísticas, simulaciones, indicadores técnicos, automatizaciones, códigos operativos, etc.

Es la herramienta base que vamos a utilizar  para nuestros análisis del mercado y para realizar trades (en tiempo real  o diferido) al mercado. Es por ello que es tan importante escoger la que más completa, adecuada y eficiente, que se ajuste a nuestras necesidades y con  la que nos sintamos cómodos a la hora de operar, pues será diariamente nuestra herramienta de trabajo. Las plataformas comunican al operador con el corredor broker y  suministra  la data del mercado a tiempo real mediante herramientas gráficas.

Encontramos:

- Plataformas basadas en web. Operadas  íntegramente a través de internet y servidas por la casa broker en las que sólo necesitas de acceso a internet a través de cualquier terminal.

- Plataformas móviles: APP para iphone, android, tablets…etc.

- Plataformas descargables no basada en Web. Estas requieren normalmente que los usuarios descarguen un programa de software antes de que puedan comenzar a operar. (el operador necesitará ese ordenador específico para operar)

Las plataformas más populares son:

o **MetaTrader**

Software Gratuito. Es la plataforma de comercio electrónico más ampliamente utilizada por los operadores retail de divisas especulativas online.

Desarrollada por MetaQuotes Software y lanzado en 2005. Especialmente diseñada para la negociación del mercado FOREX, aunque también permite (si nuestro broker lo admite) negociar con algunos índices bursátiles principales y materias primas. Proporciona las herramientas y recursos necesarios para analizar la dinámica de precios de los instrumentos financieros, realizar las transacciones comerciales, crear y utilizar de trading automatizado programas (Asesores Expertos).

Representa el concepto todo-en-uno y es el terminal de comercio más popular en el mundo. La mayoría de los indicadores que encontrarás en el mercado son compatibles con esta plataforma o creados específicamente para ella en lenguaje MQL4

Dispone de acceso a foros propios, señales y conexión a noticias fundamentales. También dispone de un simulador manual. Sencilla de implementación y de uso. Muy intuitiva. Es una plataforma de descarga que precisa instalación en tu terminal móvil u ordenador.

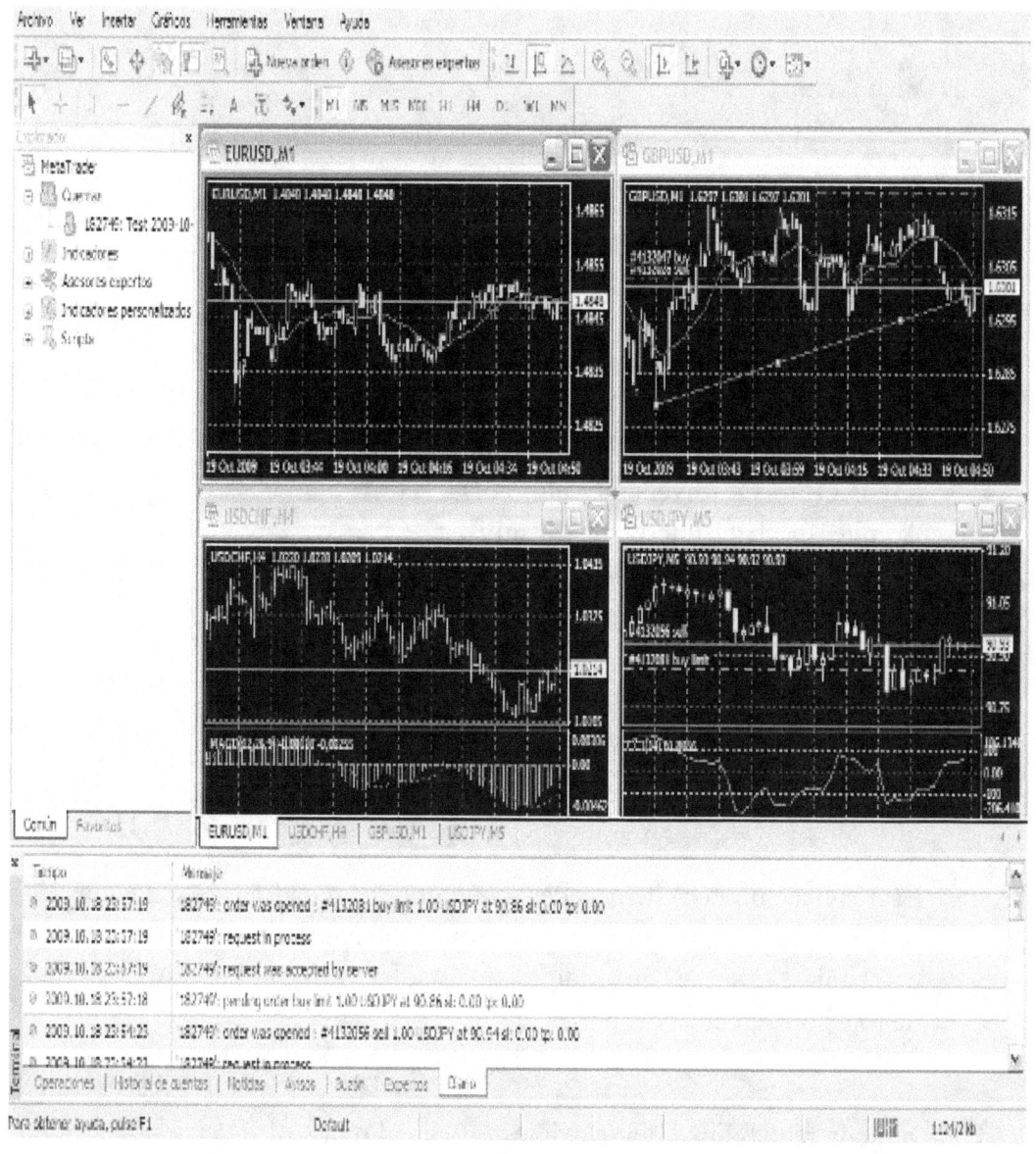

Sitio web: http://www.metaquotes.net

- **Visual chart**

Coste por licencia de uso. Principalmente usada para productos acciones bursátiles, CFDs y FOREX. Visual Chart es la aplicación financiera más potente que le permite hacer un seguimiento real, de forma fácil e intuitiva, de cualquier circunstancia relativa a su inversión en bolsa. Admite recabar, interpretar y utilizar los datos de cualquier valor o mercado, así como poder manejar de forma operativa toda la información recibida utilizando eficaces herramientas de análisis y estudio, que facilitarán la toma de decisiones para lanzar órdenes de compra - venta de manera rápida y sencilla.

Esta aplicación permite acceder a una gran cantidad de información relevante para la inversión: Datos fundamentales de las diferentes compañías, Informes de volatilidad, Estadística de Brokers, Análisis de rotación, agenda económica, etc.

Mide la rentabilidad diaria, trimestral, anual e histórica de su cartera de valores de forma gráfica y compara con los principales índices de los mercados financieros. Permite conocer el valor de mercado de sus posiciones abiertas, las ganancias que obtendría al liquidar un activo en un determinado momento, el porcentaje de rendimiento que supone el activo para su cartera, el retorno mensual y anual de la inversión etc.

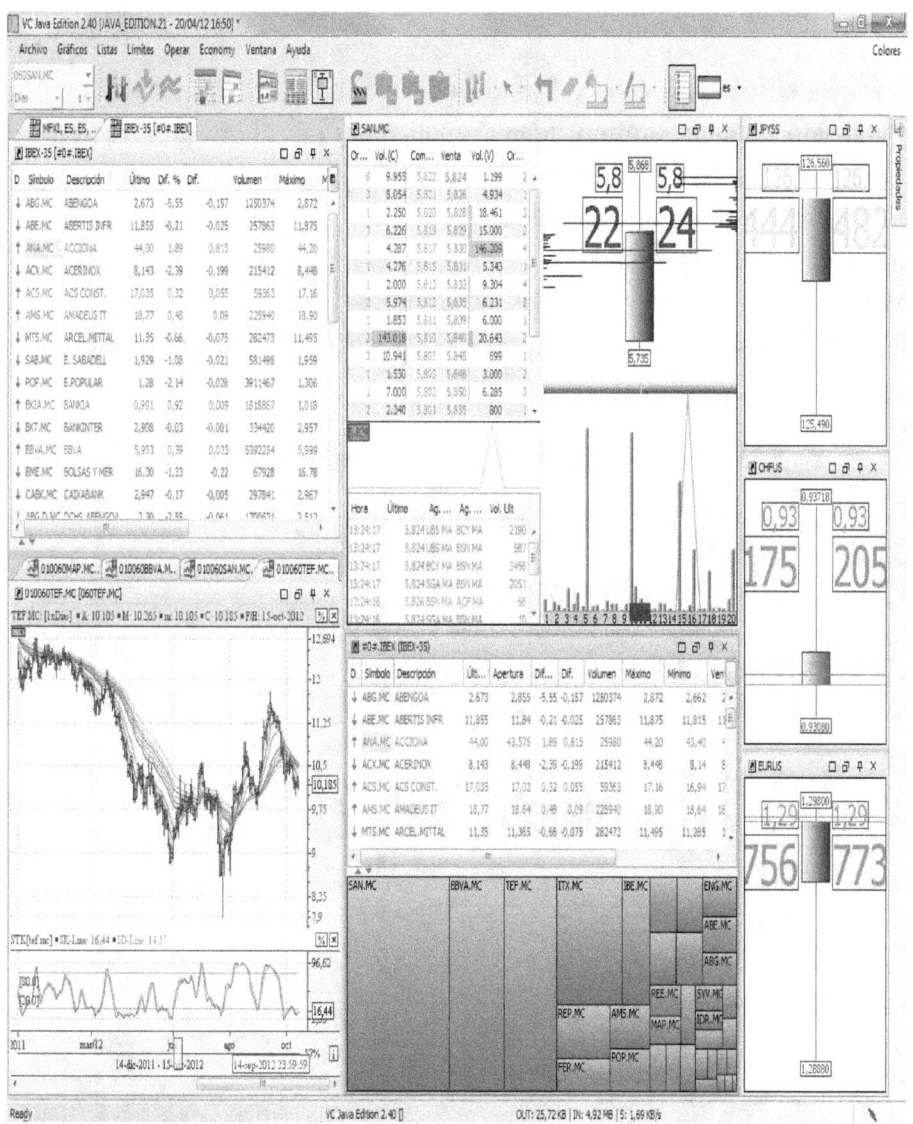

Sitio web: http://www.visualchart.com

o **Prorealtime**

Coste por licencia de uso. Basado en web. No precisa instalación. Avanzado paquete gráfico líder a nivel mundial, ahora con trading automatizado. Permite herramientas de trading avanzado. Permite compartir gráficos directamente en redes sociales. Datos tick a tick en tiempo real de mercados financieros con nuestro flujo de datos en modo Push: acciones, futuros y divisas. Históricos extensos y fiables: hasta 11 años de velas intradiarias. Profundidad de mercado.

Sitio web https://www.prorealtime.com

o **NinjaTrader**

Ninja Trader es un software de alto rendimiento para el trading. La principal característica de Ninja Trader es su uso gratuito para los gráficos avanzados, análisis de mercado, trading manual, desarrollo de sistemas de negociación y simulación de trading. Ninja Trader sólo es de pago para los usuarios si desean utilizar esta plataforma para operar en tiempo real a través de alguna de sus cuentas. Permite la utilización de sistema de análisis de segundo nivel de profundidad del mercado comercializado como OFA (Order flow Analytics), (que permite el análisis de flujo de órdenes, trading avanzado).

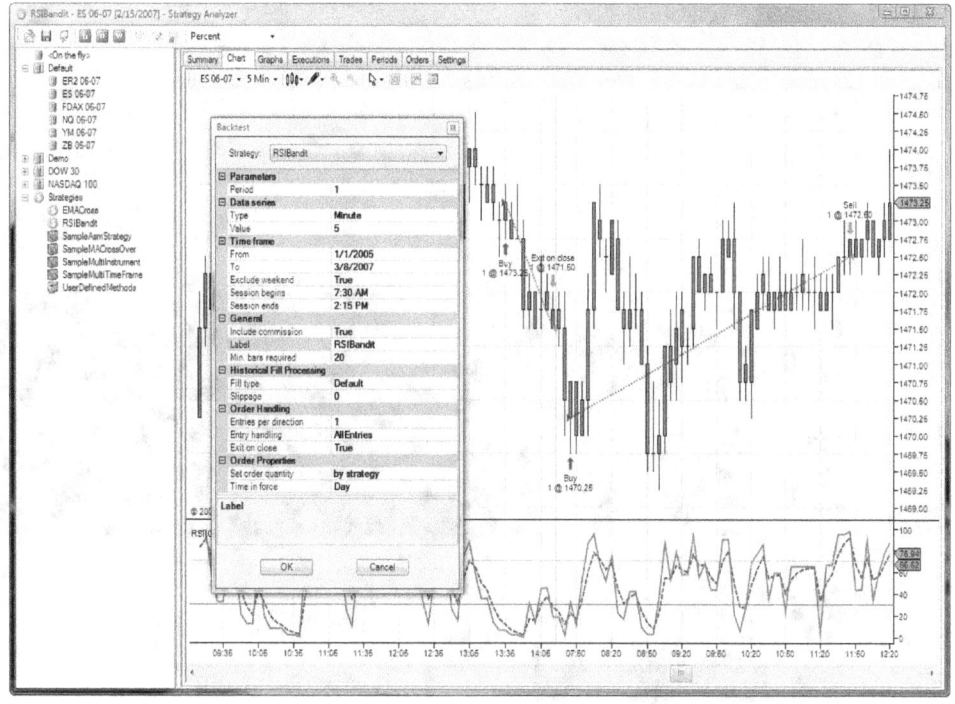

Sitio web: http://www.ninjatrader.com

o **TradeStation**

Ampliamente galardonada. Es una completa plataforma para traders e inversores exigentes que permite ejecutar trades, vigilar posiciones o analizar mercados. También podrás crear estrategias y/o herramientas propias de trading gracias a su sencillo y prestigioso lenguaje de programación EasyLanguage.

Es una solución global, utilizada en todo el mundo tanto por traders como por instituciones financieras, que ofrece al usuario tanto plataforma como bróker, operativa en acciones, futuros, opciones, FOREX y ETFs.

Sitio web: http://www.tradestation.com

o **Openquant**

Para trading avanzado (hedge funds cuantitativos y grupos comerciales institucionales basado en algoritmos).

Producto insignia actual de SmartQuant, es un (ATS) Plataforma de desarrollo algorítmico y Automated Trading System. OpenQuant cuenta con un IDE (entorno de desarrollo integrado) que ofrece los cuantos y operadores con una investigación de la estrategia industrial de la fuerza, el desarrollo, backtesting, simulación, optimización y automatización.

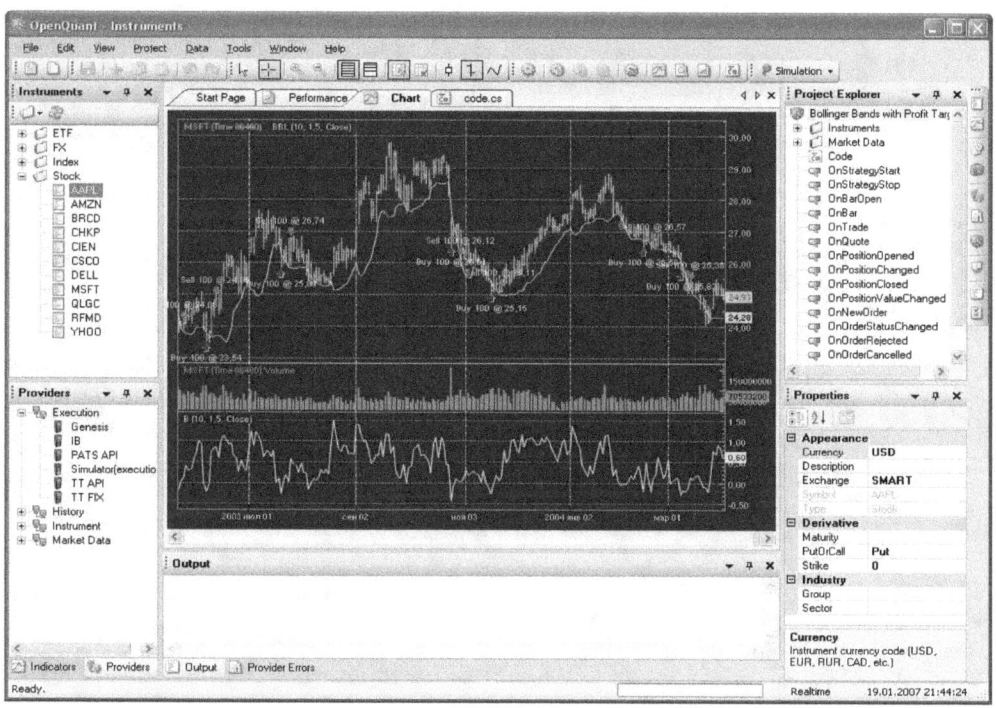

Sitio Web http://www.smartquant.com/

# Capítulo 3

### 3.1- Pares de divisas. Cotizaciones directas, indirectas

### Pares de divisas

En el FOREX se manejan pares de divisas como instrumentos financieros. FOREX es la compra simultánea de una divisa y la venta de otra. Las divisas siempre se comercializan en pares. El hecho es que estamos comprando y vendiendo el tipo de cambio, no una única moneda. Debido a que éstas se cotizan una frente a otra, los nombres de las divisas se dividen con una barra (/) y se escriben de la siguiente manera: EUR/USD

Cada divisa se identifica dentro del par con el que se cruza a través de un lenguaje de código ISO (estandarización internacional).Estos códigos están formados por tres letras:

- Las primeras dos representan una abreviación del país de la moneda.

- La última letra representa la primera letra del nombre de la moneda.

Cada moneda tiene un apodo en el argot financiero, así el dólar neozelandés (NZD) es el kiwi o el franco suizo (CHF) es Swissy.

| Divisa | País | Símbolo | Apodo |
|--------|------|---------|-------|
| Dólar | EEUU | USD | Buck |
| Euro | C.E.E. | EU | Fiver |
| Libra | G. Bretaña | GBP | Cable |
| Yen japonés | Japón | JPY | Yen |
| Franco suizo | Suiza | CHF | Swissy |
| Dólar australiano | Australia | AUD | Aussie |
| Dólar Canadiense | Canadá | CAD | Loonie |
| Dólar Neozelandés | Nueva Zelanda | NZD | Kiwi |

Dentro de todos los pares de divisas (en total 28 cruces), existen 7 pares principales que llevan a cabo el 75% de las operaciones del mercado en FOREX (EUR/USD, GBP/USD, USD/CHF y USD/JPY) que son los más negociados con diferencia (alto volumen negociado y gran liquidez y volatilidad respecto al resto de los pares).Los pares principales son los siguientes:

| | |
|---|---|
| EUR/USD | Euro/ Dólar estadounidense |
| GBP/USD | Libra esterlina/Dólar estadounidense |
| USD/CHF | Dólar estadounidense/Franco suizo |
| USD/JPY | Dólar estadounidense/Yen japonés |
| USD/CAD | Dólar estadounidense/Dólar australiano |
| AUD/USD | Dólar australiano/ Dólar americano |
| NZD/USD | Dólar neozelandés/ Dólar estadounidense |

En esta ilustración podemos ver el porcentaje de pares principales  de divisas negociados  respecto a pares minoritarios (en su mayoría cruces de los pares principales).

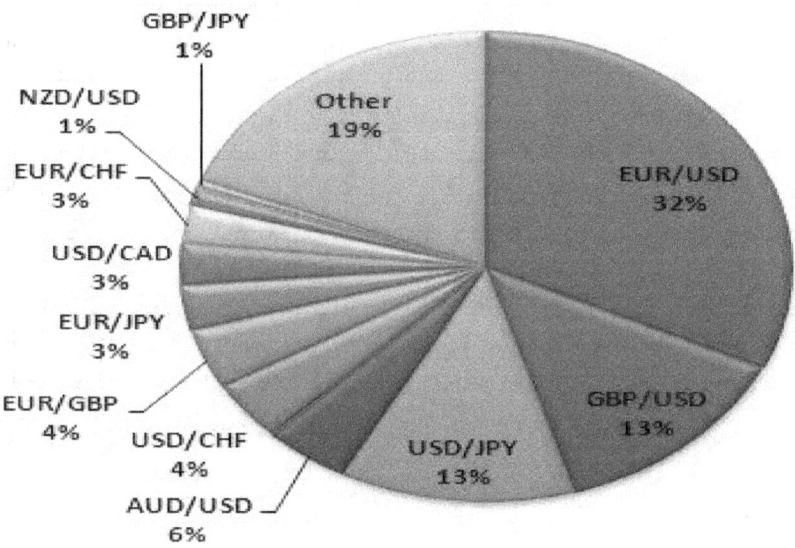

El resto de los pares o llamados "grupo de los pares minoritarios" incluye instrumentos relativamente menos populares en comparación con los pares Principales de divisas. Los pares de divisas que no contienen el dólar de EE.UU. (USD) se conocen como pares de divisas cruzadas.

Los  Cruces principales también  se  conocen  como"menores".  Los cruces más negociadas se derivan de las tres principales monedas distintas del dólar divisas: EUR, JPY y GBP.

- Cruces del Euro

| Par | Países | Nombre |
|-----|--------|--------|
| EUR/CHF | Zona Euro / Suiza | "euro Swissy" |
| EUR/GBP | Zona Euro / Reino Unido | "euro pound" |
| EUR/CAD | Zona Euro / Canada | "euro Loonie" |
| EUR/AUD | Zona Euro / Australia | "euro Aussie" |
| EUR/NZD | Zona Euro / Nueva Zelanda | "euro kiwi" |

- Cruce del Yen

| Par | Países | Nombre |
|-----|--------|--------|
| EUR/JPY | Zona Euro / Japón | "euro yen" o"yuppy" |
| GBP/JPY | Reino Unido / Japón | "pound yen" o"guppy" |
| CHF/JPY | Suiza / Japón | "Swissy yen" |
| CAD/JPY | Canada / Japón | "Loonie yen" |
| AUD/JPY | Australia / Japón | "Aussie yen" |
| NZD/JPY | Nueva Zelanda / Japón | "kiwi yen" |

- Cruces de Libra

| Par | Países | Nombre |
| --- | --- | --- |
| GBP/CHF | Reino Unido / Suiza | "pound Swissy" |
| GBP/AUD | Reino Unido / Australia | "pound Aussie" |
| GBP/CAD | Reino Unido / Canada | "pound Loonie" |
| GBP/NZD | Reino Unido / Nueva Zelanda | "pound kiwi" |

- Otros Cruces

| Par | Países | Nombre |
| --- | --- | --- |
| AUD/CHF | Australia / Suiza | "Aussie Swissy" |
| AUD/CAD | Australia / Canada | "Aussie Loonie" |
| AUD/NZD | Australia / Nueva Zelanda | "Aussie kiwi" |
| CAD/CHF | Canada / Suiza | "Loonie Swissy" |
| NZD/CHF | Nueva Zelanda / Suiza | "kiwi Swissy" |
| NZD/CAD | Nueva Zelanda / Canadá | "kiwi Loonie" |

Por otra parte  más próximos en el tiempo, se han comenzado a comercializar  pares de divisas  que llamamos "exóticos" se componen de una moneda principal que se combina con la moneda de una economía emergente, como Brasil, México, Hungría, Tailandia, Singapur, Colombia, Suecia, Noruega, etc. Estos  pares  no son objeto  de  intenso comercio como los  "grandes" o los"cruces", por lo que los costes de transacción  asociados con el comercio de estas parejas suelen ser más grandes. No es raro ver que se extienden dos o tres veces más que el del EUR / USD o USD / JPY.

| Par | Países | Nombre |
|---|---|---|
| USD/HKD | Estados Unidos / Hong Kong | |
| USD/SGD | Estados Unidos / Singapur | |
| USD/ZAR | Estados Unidos/ Sud África | "dollar rand" |
| USD/THB | Estados Unidos / Tailandia | "dollar baht" |
| USD/MXN | Estados Unidos / México | "dollar peso" |
| USD/DKK | Estados Unidos / Dinamarca | "dollar krone" |
| USD/SEK | Estados Unidos /Suecia | |
| USD/NOK | Estados Unidos / Noruega | |

El valor de una moneda no cambia en sí mismo, lo que cambia es su valor en relación a otras monedas. Esta es una característica de un sistema de tipo de cambio flotante, es por ello que representamos las monedas a cotizar en base a pares relacionados; Así el primer miembro de cada par se conoce como la divisa "base", y el segundo miembro se denomina divisa "cotizada" o "contra" divisa.

En el mercado al contado, no todos los pares tienen el dólar estadounidense como divisa base. Son la libra esterlina, el euro y el dólar de Australia y el dólar Nueva Zelanda.) GBP/USD, EUR/USD, AUD/USD, NZD/USD respectivamente.

El par se expresa siempre con la convención: Divisa Base / Divisa Cotizada establecida por la Society for Worldwide Interbank Financial Telecommunication (SWIFT).

Así:

En el par EUR/USD  - cotización 1,1437

# EUR   /   USD

Moneda   base  / Moneda contraparte

La tasa de cambio de la moneda cotizada es la cantidad de moneda contraparte que tendremos que pagar para poder comprar una unidad de la moneda base. Dicho con más sencillez la tasa de cambio  es simplemente la relación del valor de una divisa contra otra

Cuando compramos EUR/USD (se dice en el argot que vamos "LARGOS" en Euros), es porque esperamos que  esta moneda revalorice su valor en detrimento de su moneda contraparte el UDS.

En nuestro caso  por cada euro  que compramos estamos vendiendo dólares y el costo que tiene ese euro  es de 1,1437 dólares

Es decir:

Cotización EUR/USD 1,1437 significa que   1 € vale  1,1437 $

Por el contrario, cuando vendemos EUR/USD  (en el argot financiero se dice que vamos "CORTOS" en Euros)  es porque suponemos que el valor del euro  va a bajar  próximamente   su cotización respecto al dólar, y entonces cambiamos nuestro euro por dólares, vendiendo EUR (moneda base) y comprando simultáneamente USD (moneda contraparte).

Conociendo el valor de cotización del par EUR/USD, calcular el coste de la venta de EUR/USD se realiza por una simple regla de tres:

Si 1 EUR ----------1,1437 USD

 X EUR ------------------1 USD

Por tanto X=1*1/1,1437 = 0,87 EUR

0.87 euros es lo que nos va  a comprar un dólar en el par EUR/USD si la cotización del par EUR/USD es de 1.1437.

## Cotizaciones directas e indirectas y cruzadas

La mayoría de las divisas se negocian directamente contra el dólar estadounidense. Los tipos de interés del mercado que se expresan para dichos pares de divisas se denominan tipos directos.

Hablamos de cotización directa cuando se determina en el par la cantidad de moneda local necesaria para comprar una unidad de la moneda extranjera (comúnmente USD). Por simplicidad, la mayor parte del tiempo el USD es la moneda extranjera.

### Pares con Cotización Directa

- USD/JPY

- USD/CAD

- USD/CHF

Para algunos pares de divisas, el dólar estadounidense no es la divisa base sino la divisa contraria o de cotización.

Hablamos de cotización indirecta cuando se determina la cantidad de moneda local que se recibe cuando una unidad de la moneda extranjera se vende.

### Pares Con Cotización Indirecta

- EUR/USD

- GBP/USD

- AUD/USD

### Pares Con Cotización Cruzada

Cuando se opera con una divisa contra otra que no sea el USD, el tipo de interés del mercado para este par de divisas se denomina tipo cruzado. El tipo cruzado es el tipo de cambio entre dos divisas entre las que no está el dólar estadounidense. Aunque los tipos de dólares estadounidenses no aparecen en el tipo cruzado final, normalmente se utilizan en el cálculo, y deben conocerse. Entre dos divisas diferentes al dólar estadounidense normalmente se negocia la primera contra el dólar estadounidense y posteriormente se negocia el dólar estadounidense contra la segunda divisa diferente al dólar estadounidense. Hay unas pocas divisas que no son el dólar estadounidense que se cambian directamente como GBP/EUR o EUR/CHF.

¿Como se construye un par cuzado?

Un par de divisas cruzado es aquel que se puede construir por la combinación de dos pares relacionados entre si dado que en uno la moneda contraparte es en el segundo par la moneda base de forma que al realizar una misma operación en dichos pares, las operaciones de la moneda común se compensan y anulan entre ella( una de venta con una de compra ) y lo que nos queda en realidad es la operación realizada con el par de divisas que queda, al que llamaremos par cruzado o sintético.

Te resultará mucho más fácil de entender con un ejemplo:

## Construcción de un par cruzado

COMPRA de EUR/USD              COMPRA de USD/JPY

Equivale a                              Equivale a

COMPRAR EUR/~~VENDER USD~~        ~~COMPRA USD~~/VENDE JPY

EUR/JPY

Compra de EUR/Vende JPY

La mayoría de los broker suelen ofrecer las cotizaciones de los pares principales y de los pares cruzados, para su negociación, aunque no siempre nos dan todos los cruces con los que podríamos negociar. Ya que los cruces se crean a nivel interbancario.

Sin embargo como ya te he explicado como se construye los cruces entre pares, tú mismo podrás crear tus cruces si no están disponibles con la plataforma de su broker favorito y ves alguna oportunidad de negociación en alguna determinada moneda si alguna de ellas es moneda común y contraparte de las otras dos.es sencillo, simplemente tendrás que realizar dos operaciones independientes entre si pero que al hacerla simultáneamente te permiten combinar los diferentes pares entre ellos como hemos hecho en el ejemplo anterior .

Esto es lo que denominamos crear pares "sintéticos".

### 3.2- Lotes, pips y spread.

### 1-¿Qué es un lote?

En FOREX cuando abrimos una posición (ya sea de compra o de venta) debemos seleccionar un volumen de capital con el que deseamos operar. Esto se hace en base a lotes. Es decir llamamos lote al volumen transado.

Existen diferentes tipos de medida en cuanto se refiere a lotaje; Así podemos encontrar:

Lote estándar:

En nuestra plataforma de corretaje (volumen basado en lotes) se correspondería con el tamaño 1.

Un Lote estándar son 100.000 unidades de la moneda base.

Mini-lotes

En nuestra plataforma de corretaje (volumen basado en lotes) se correspondería con el tamaño 0,1.

Un minilote son 10.000 unidades de la moneda base .Es la decima parte de una operación estándar.

## Micro-lotes

En nuestra plataforma de corretaje (volumen basado en lotes) se correspondería con el tamaño 0,01. (Diez veces menor a los lotes mini).

 Un micro lote e son 1.000 unidades de la moneda base. Es la decima parte de una operación mini y 100 veces menor que la estándar.

| # | LOTE | UNIDADES |
|---|------|----------|
| 1 | LOTE MICRO | 1,000 |
| 2 | LOTE MINI | 10,000 |
| 3 | LOTE ESTANDAR | 100,000 |
| 4 | LOTE VARIABLE | DE 0 A X UNIDADES |

Ilustración cortesía FOREX con estrategia

Si los pares incluyen al dólar americano como divisa cotizada (XXX/USD)

| | Tamaño | Equivalencia $ por pip |
|---|--------|------------------------|
| 1 lote estándar | 1 | 1 pip equivale a 10 $ USD |
| 1 mini lote | 0.1 | 1 pip equivale a 1 $ USD |
| 1 micro lote | 0.01 | 1 pip equivale a 1 cts. de $ USD |

Recuerda:

---

Llamamos lote al volumen transado.

---

Veamos algunos números:

Un operador compra EUR/USD a 1.1030

Lote estándar: el operador esta comprando 100,000 EUR a 110,300 USD

Lote Mini: el operador esta comprando 10,000 EUR a 11,030 USD

Lote Micro: el operador esta comprando 1,000 EUR a 1,103 USD

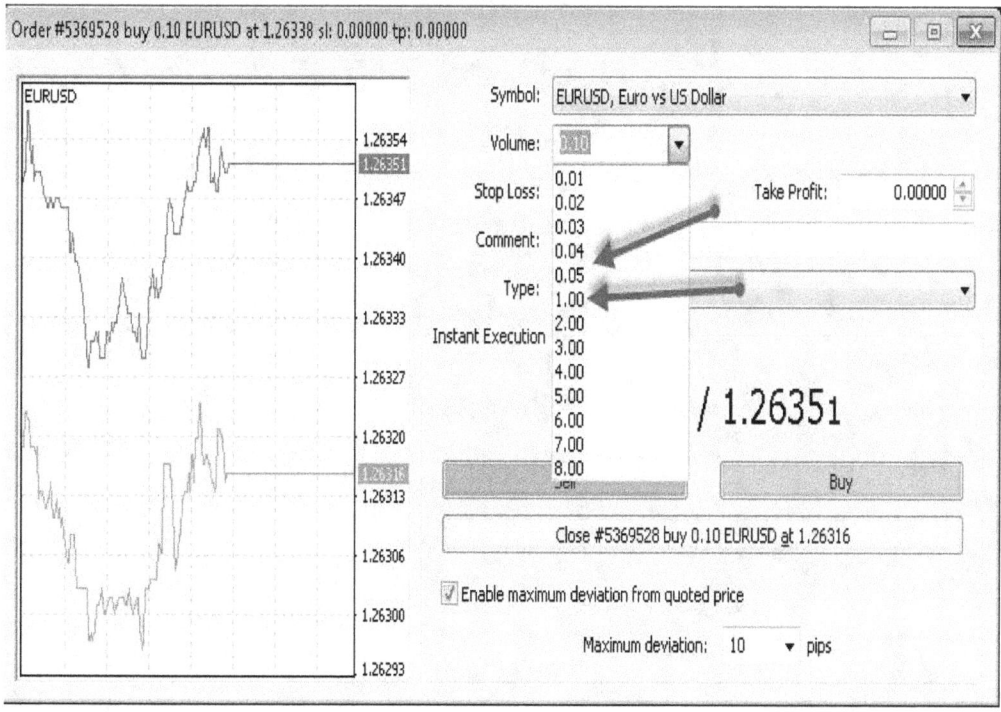

Ilustración en la que te indica como seleccionar el volumen de nuestra operación en la plataforma MetaTrader.

NOTA:

Aparte de los tamaños de lotaje explicados, algunos brokers además permiten abrir operaciones con lotes variables, esto basado en las necesidades del operador.

## 2-¿Que es un pip?

Pip significa "Punto de interés del precio". Llamamos pip o punto a la mínima variación del precio en una cotización .Equivale a un valor realmente ínfimo en la cotización de la moneda.

Como sabes las cotizaciones de las monedas se hacen en números enteros y sus decimales, (en general se expresa con 4 o 5 decimales, salvo el JPY - Yen japonés- que tiene sólo 3 decimales en su cotización).Cuando el precio fluctúa entre determinados valores lo suelen  hacer a través de la variación de sus decimales, no de sus enteros.

Para la mayoría de los pares (cotización con 4 decimales) un pips es la 10,000 parte de la tasa de cambio (1/10,000= 0,0001.

Las únicas excepciones son aquellos pares en los que esta involucrado el JPY, donde el valor de cada pips es la 100ma parte de la tasa de cambio (1/100=0,001) dado que el Yen japonés tiene 3 decimales en su cotización.

EUR/USD  cotización 1,1543 con 4 decimales el pip (mínima variación del precio) equivaldrá a  0.0001


GBP/JPY  cotización 173,204 con 3 decimales  el pip (mínima variación del precio) equivaldrá a 0.001


A TENER EN CUENTA:

Algunos brokers  te ofrecen 5 decimales en la cotización a pesar que las cotizaciones oficiales se calculen en base a 4 decimales.

Ejemplo en un broker que ofrece 5 decimales:

L a cotización EUR/USD sube desde 1,32310 a 1.32450.

En este caso si consideráramos pip=0,00001 diríamos que habría una subida de 140 pips, sin embargo en realidad la cotización del precio sólo ha subido en 14 pips, (sólo que tu broker te ha facilitado un decimal mas).

Mi consejo es que es estos casos y sólo a efectos prácticos para el cálculo en tu operativa, obvia simplemente el último decimal a la hora de determinar el número de pips que haya recorrido el precio y Así no cometerás errores.

¿Cuál es el valor de un pip?

El valor del Pip depende de la moneda involucrada en el par, y su valor viene dado siempre en referencia a la moneda "base".

Así:

En los pares que la moneda base sea el USD/XXX el valor del pip vendrá directamente dado en dólares americanos y su valor en dólares americanos variará en función de la cotización actual.

En los pares que la moneda base sea el XXX/USD el valor del pip vendrá dado en la moneda XXX que corresponda a la base del par y el valor del pip en dólares americanos será siempre el mismo para ese par, independientemente de la cotización actúa del par en cuestión.

Su valor puede calcularse de diferentes maneras dependiendo de si el par negociado tiene cotización directa (pares cotizados en dólares), cotización invertida (el dólar es la divisa base) o un par cruzado (pares sin USD).

En general la fórmula para calcular el valor de un pip se puede dividir en tres categorías:

Valor del pip = (tamaño del lote) x (tamaño del pip / tipo de cambio)

- *- Pares de Divisas con Cotización indirecta (EUR/USD, GBP/USD)*

Para los pares de divisas con cotización indirecta el valor del pip es constante y no depende del tipo de cambio actual del par.

Valor del pip = (tamaño del lote) x (tamaño del pip / tipo de cambio)

Donde el tipo de cambio es siempre el precio de compra.

Veamos un ejemplo con el par EUR/USD el cual cotiza a 1,2599/1,2600.

100.000 € x (0,0001 / 1,2600) = 7,94 € = 1 pip para un lote estándar

Para obtener el valor de la operación en dólares, debemos multiplicar el resultado por la cotización actual del EUR/USD:

7,94 € x 1,2600 = 10 $

- • - *Pares con Cotización directa (USD/JPY, USD/CHF)*

Para aquellos pares que tienen el dólar como divisa base, el valor del pip -medido en dólares- se calcula con la misma fórmula que antes:

---

Valor del pip = (tamaño del lote) x (tamaño del pip / tipo de cambio)

---

Sin embargo, en pares cotizados de forma inversa el valor del pip en dólares varía en función de la cotización actual.

Por ejemplo, el valor del pip en el par USD/JPY cotizando a 107,00 sería:

100.000$ x (0,01/107,00) = 9,346 $ = 1 pip para un lote estándar

En estos casos no es necesario calcular el valor del pip en dólares con el fin de obtener el valor nominal de la operación, porque el lote siempre viene expresado en la divisa base y, por tanto, también el valor del pip.

Debes tener en cuenta que en caso de los pares directos que el valor del pip varia en función de la cotización actual del par. Si hay fluctuaciones importantes en la cotización del par , el valor del pip puede variar mucho para intervalo de tiempo dado,  valiendo el pip 10$ en un momento dado y 20$ en otro momento con una cotización del precio distinto  para ese par.

Por tanto a la hora de gestionar tu posición  respecto a tu stop lose (parada de perdidas) o tu  take profit (toma de ganancias) el stop lose  marcado a X pips de distancia del precio será distinto (más ancho o más estrecho) si el valor del pip es de 10$ que si es de 21$, respectivamente.

• *- Pares Cruzados (GBP/CHF, EUR/JPY etc.):*

En los pares cruzados esta es la fórmula:

Valor del pip = (Tamaño del lote) **X** (tamaño del pip) **X** (tipo de cambio de la divisa base / tipo de cambio)

RECUERDA

|  |
| --- |
| Cuando el dólar es la divisa base dentro del par USD/XXX el valor del pip varía en  función de la cotización actual del par |
| Cuando el dólar es la divisa cotizada dentro del par XXX/USD El valor del pip es siempre el mismo. |

FORMULA GENERAL

PARA CALCULO DEL VALOR DEL PIP

Valor del pip =
(tamaño del lote) x (tamaño del pip / tipo de cambio)

## 4- ¿Qué es el spread?

Spread es la diferencia entre el precio de compra y el de venta de un activo financiero también recibe el nombre de horquilla de precios. Generalmente constituye la retribución que cobra tu broker por actuar como intermediario entre los actores que compran y los que venden divisas usando sus servicios.

Normalmente, el spread de las divisas más negociadas y bajo condiciones normales del mercado es de únicamente 1-3 pips o puntos básicos. Este valor suele ser mayor para las divisas que son menos negociadas. El Spread puede ser fijo o variable.

El precio de cotización de un par de divisas se expresa mediante

El par (XXX/YYY) y el precio (Bid/Ask)
Moneda base/moneda cotizada | precio Bid/precio ask

El Bid es el precio máximo al que el mercado está dispuesto a comprar (por ello se conoce también como precio de demanda). Por tanto es el precio al que entrarás si vendes.

El Ask es el precio mínimo al que el mercado está dispuesto a vender (por ello también se conoce como precio de oferta). Por tanto, será el precio al que entrarás si compras.

En la imagen puedes observar la diferencia de precios entre el Bid y el Ask lo cual forma el spread o comisión que cobra nuestro broker al realizar la operación.

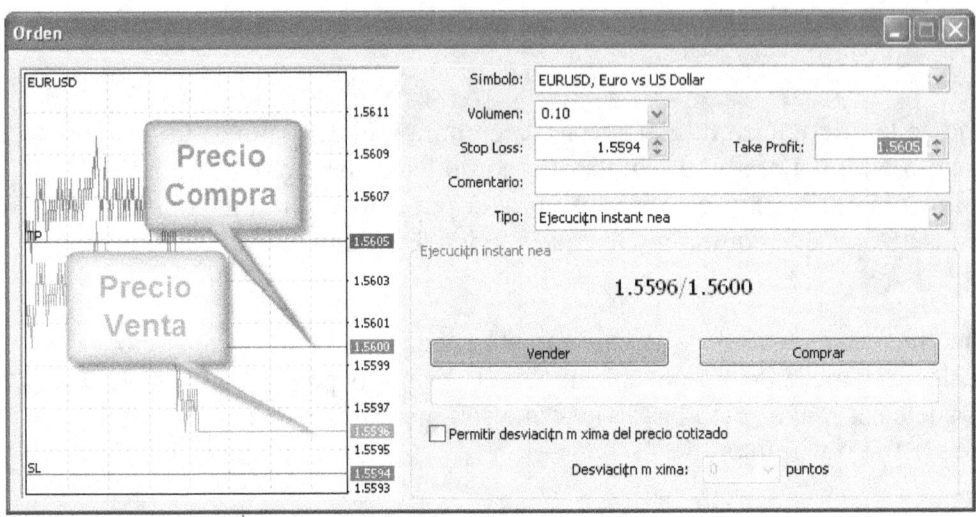

Ilustración cortesía investiga

Normalmente verás el precio Bid en el gráfico, esto es el precio al que entrarás en la operación si vendes. El precio ask es el precio al que entrarás si compras. La diferencia entre Bid/ask es el spread. Por tanto el spread se expresa en puntos.

El spread además es una especie de margen que se utiliza para medir la liquidez del mercado. Observarás generalmente márgenes más estrechos de la horquilla de precios (spread) cuando los pares negociados representen un nivel de liquidez más alto. Mientras que los pares de monedas que tengan menos volumen de transacciones y por tanto menos liquidez tendrán un rango de horquilla de precios entre el bid y el ask mayor y por consiguiente un mayor cobro en concepto de spread.

No solo cuando existe falta de liquidez en el mercado se ve ampliado el spread, también cuando la volatilidad sea extrema, los spread pueden verse incrementados sustancialmente.

Se supone que este incremento espectacular de la" horquilla de precios" lo realiza la casa broker con el fin de asegurarse poder cruzar la orden emitida por nuestra plataforma con su contraparte en el mercado dentro del rango de precios en el que se puede mover el precio durante ese tiempo en que tarda en casar las operaciones, asegurándose así mismo una ganancia en condición de spread.

En realidad lo único que debes tener en cuenta a la hora de operar es que cuanta mayor liquidez hay en el mercado para la negociación en un par de divisas, significará menos costos de spread para ti y que cuando hay noticias fundamentales o cualquier imprevisto que pueda hacer aumentar rápidamente y de forma exagerada la volatilidad de los precios o provoque iliquidez extrema el spread puede aumentar considerablemente también ,no haciendo rentable la operación por los altos costos del proceso.

Un ejemplo de iliquidez y volatilidad extrema en el mercado FOREX se produjo recientemente el 15 de Enero de 2015 en los minutos siguientes al anuncio del Banco Nacional Suizo.

El inesperado movimiento del Banco Nacional de Suiza (BNS) al anunciar que ponía fin a una política que llevaba utilizando tres años, que consistía en limitar el cambio mínimo del franco suizo frente al euro, y comunicar que rebajaba el tipo de interés oficial hasta un -0,75% provocó una gran sacudida en el mercado de divisas y en el mercado de renta variable suizo: el franco se disparó después del anuncio y la bolsa suiza se hundió. Los mercados de divisas experimentaron brechas de precios significativas y periodos de iliquidez extrema.

Aparte de suponer un tsunami en la cotización de EUR/CHF que en escasos min tuvo una bajada de más de 3000 pips en la cotización con la **apreciación del franco suizo en casi un 50% respecto del euro en solo 16 minutos**, como puedes ver en la gráfica cortesía de investing.

A nivel de spread que es el concepto que estamos estudiando, esta situación de iliquidez extrema generó además una volatilidad extrema y un incremento del spread en algunas casas broker de hasta 1000 pip como puedes observar en la siguiente imagen

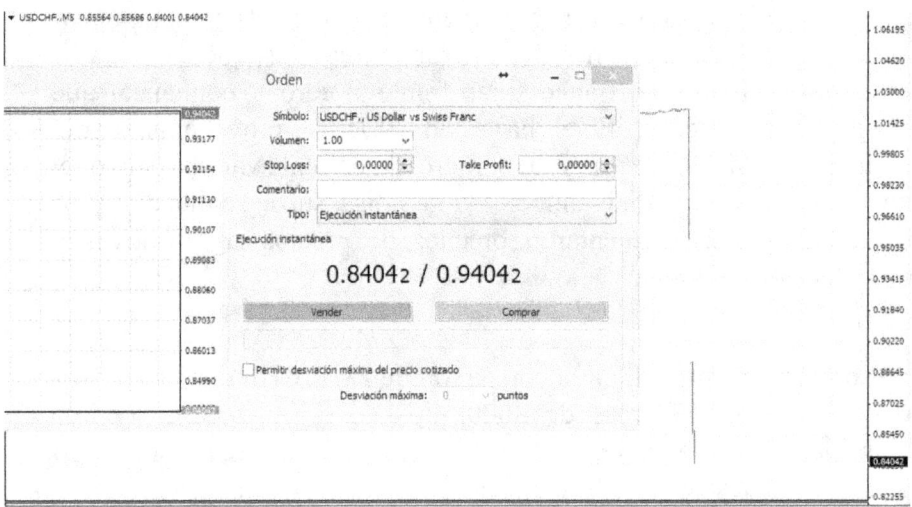

Imagen cortesía trend capital

De esta manera, si hubiéramos querido negociar con el par EUR/CHF en ese momento:

El precio de compra (bid) es de 0.84042 y el precio de venta (ask) es de 0.94042. Se puede identificar fácilmente que en este caso el spread es de 1000 pips.

## 3.3- El apalancamiento

Para poder sacar un beneficio  importante al especular con divisas deberemos realizar operaciones  con gran volumen de capital. No es necesario que tengas ese gran volumen de capital en tu cuenta; El broker te permite operar por un monto mayor al capital que depositaste en esa empresa por medio de la figura del apalancamiento. El concepto de apalancamiento se deriva de utilizar endeudamiento para financiar una inversión.

En realidad lo que hace la empresa es que utiliza tu depósito como garantía para financiarte la operación (este depósito recibe el nombre de margen).

Así nuestra casa broker nos mantendrá retenido un porcentaje de nuestro capital  en proporción  al apalancamiento que hayamos acordado mientras que nos financiará el resto del dinero para la negociación. Ese dinero prestado en realidad se compensa  en la propia operación, ya que al entrar al mercado tienes que hacer la apertura de una posición en una dirección - ya sea de compra o venta- y  al cerrar dicha posición automáticamente estás haciendo la operación contraria,  primero sumándolo en la compra y luego restándolo en la venta o viceversa, por tanto se anulan entre si las cantidades apalancadas y  sólo  nos quedará realmente  el capital que hemos ganado en base a  la diferencia de la cotización , que según  el tamaño del lote  y por tanto el valor del pip, supondrá más o menos capital.

Así, por ejemplo:

- Con  apalancamiento 1:2

Con mi deposito 2.000 € podré operar divisas por el equivalente de 4000 €.

- Con apalancamiento de 1:100

Con mi depósito de 2000€ podré operar divisas por valor de 200.000 €.

- Con apalancamiento de 1:200

Con mi depósito de 2000€ podré operar divisas por valor de 400.000 €.

Quédate simplemente con la idea que podrás hacer operaciones por más capital del que dispones, utilizando el dinero de tu corredora. (Por ejemplo en un apalancamiento 1:100 por cada moneda que tú pongas de tu dinero la corredora te permitirá abrir una posición con 100 monedas).

Al no financiar toda la inversión con fondos propios y apalancarte, el beneficio que se recibe en función de lo invertido es mayor, siempre que el activo genere más intereses que el costo de financiarse con fondos externos. Es por esto entre otras muchas razones por las que muchos operadores prefieren el mercado de divisas al contado respecto a otros tipos de instrumentos financieros, dado que permite un alto apalancamiento que otros instrumentos no ofrecen.

A continuación te incluyo una tabla donde se comparan diferentes instrumentos financieros.

| | FOREX | Stocks (renta variable) | FUTUROS |
|---|---|---|---|
| **ESTRUCTURA** | OTC | centralizado y OTC | centralizado |
| **VOLUMEN En $/día** | 3 Trillones | 300 billones | 600 billones |
| **TASAS** | spread | Spread+comisiones+tasas adicionales | Spread+comisiones+tasas adicionales |
| **HORARIO** | 24 h/5 días por semana | Típicamente de 9 a 16 h  Días lectivos L a V | Típicamente de 8 a 3 h  Días lectivos L a V |
| **APALANCAMIENTO** | 1:20 a 500:1 ó superior | 2:1 | 10:1 |

Como puedes observar, el mercado FOREX permite apalancamientos muy superiores desde 1:20 hasta 1:500 , en este último caso eso significa que por cada moneda que tu pongas de tu cuenta, el broker te financiará el resto de la operación hasta 1000 con lo cual podrás abrir operaciones por valor de 1000 aunque tu no los tengas, en la operación se compensan las cantidades financiadas y tu percibes únicamente la ganancia o la pérdida producida por el diferencial de precios una vez descontado las comisiones del broker por facilitarte la operación. Eso sí, esas ganancias o pérdidas se calculan en proporción al volumen apalancado con el que operaste.

Con un ejemplo de la compra y venta de un inmueble te quedara más claro el concepto:

Compras un piso que está valorado en 150000 €. Para ello inviertes 50.000 de tu dinero y te apalancas por 100.000 (a través de una hipoteca bancaria).Ahora lo vendes por 180.000, devuelves los 100.000 prestados por tu banco y por tanto en realidad la operación se cierra tan sólo con la diferencia del capital 80000-50000 = 30000.

Ahora el mismo ejemplo con FOREX

Pongamos que tenemos una cuenta con 1.000 €, si utilizamos un apalancamiento 1:100 es como si tuviéramos 100.000 € (1.000 x 100). Esto significa que si una divisa sube un 2% nosotros ganaríamos el 2% de 100.000 euros, es decir, ganaríamos 2.000 € con un capital inicial de solo 1.000 €. Si tenemos perdidas no perderíamos 100.000 euros sino que nuestras pérdidas se limitarían a los 1.000 € que teníamos en un principio eso quiere decir que el crédito o préstamo de apalancamiento en la cuenta está garantizado por el depósito inicial (que es nuestro margen retenido por la casa broker para garantizar que se puede cubrir la operación). Con este mecanismo se evita que la cuenta pueda caer en un saldo negativo. Nunca perderás más dinero del que pusiste.

Te extrañara que alguien te preste un dinero  para que tú te enriquezcas sin pedirte nada a cambio ¿Verdad?  Permíteme explicarte:

La corredora   sólo te lo financia temporalmente para que tú puedas acceder al mercado con volúmenes grandes de capital  y que puedas abrir una y otra vez operaciones. El propio mercado en la compra y posteriormente la venta del activo ya se encarga de compensar ese dinero financiado, que está dentro del sistema y  que nunca llega a ti.

El depósito de tu dinero que retiene el broker al abrir una operación en base a tu apalancamiento se llama margen mínimo requerido(MMR). El margen es la cantidad de dinero en la cuenta necesario como garantía para las operaciones.

Se calcula según el tamaño de la operación y el apalancamiento usado. Por ejemplo, si operamos con 1 lote (100 mil monedas) y nuestra cuenta dispone de un apalancamiento 100:1, nuestro margen requerido, si la moneda base es USD, será 100.000/100=1.000 USD.

El MMR muestra el margen mínimo requerido para abrir una posición de un lote. Imagina una   cuentas   Micro , supone tienen un margen mínimo requerido de 0.25% (400:1) Si el margen requerido es de 0.25%, entonces la cantidad requerida para abrir una posición de un microlote 1,000 es $2.50.Así:

Si el margen requerido es de 0.25%, entonces la cantidad requerida para abrir una posición de un minilote 10,000 es $25.

De un lote (100.000) serían 250$.

Te preguntarás ¿Que gana la casa broker haciendo esto? ¿Qué sentido tiene?

Bueno, el apalancamiento es una característica necesaria en el mercado

FOREX no sólo a causa de la magnitud de los capitales requeridos para participar en él, sino también porque las principales monedas fluctúan en promedio menos de 1% al día. Si la casa broker no nos permitiera financiarnos en base al apalancamiento nos sería imposible participar del mercado, dado que estas operaciones requieren de un elevado volumen de capital para rentabilizar esas pequeñas variaciones del precio.

Por otra parte, la ganancia de la casa broker reside en la diferencia entre el precio de compra y precio de venta (bid/ask) al que la corredora esta dispuesto a ofrecerte el activo (comisión por spread), y por tanto pondrá todo de su parte con el fin de que tu operes una y otra vez, incluso financiarte dinero, con el fin de que puedas abrir con frecuencia operaciones de gran volumen, que es donde ellos ganan sus comisiones.

Para hacerte una idea de lo lucrativo que puede resultar el negocio del FOREX para la corredora imagínate un solo trader operando en el par con probablemente menos spread (EUR/USD) y utilizando diferentes sistemas de trading (ordenados de mayor a menor frecuencia operativa en el tiempo). En este caso he puesto operaciones con un solo lote estándar, pero puedes tener operaciones apalancadas de varios lotes, en este caso tendrías que multiplicar las ganancias por el tamaño de la posición, (a mayor nº de lotes mayores comisiones para la corredora). Te puedes hacer una idea del gran negocio que resulta para la corredora en esta tabla:

| Tipo de operador | Media de Nº trades | Media de Pips X trade | spread | lote | Ganancia del broker |
|---|---|---|---|---|---|
| S. Scalper | 20-40 día | 5 | 2 | 1 | 40*5*2=400$ En un sólo día |
| S. intradía | 1-5 día | 50 | 2 | 1 | 5*50*2=500$ En un sólo día |
| Swing trader | 0-1 mes | 350 | 2 | 1 | 1*350*2= 650$ En una operación |

Ahora quisiera comentarte que el resto de los pares tienen spread mayores, que puedes abrir operaciones con mas lotes y que no es el único instrumento financiero que te ofrece la casa broker y que por supuesto no eres el único cliente que opera, que hay casas broker con más de 20.000 clientes y un volumen de negociación que excede mensualmente los 60.000 millones de dólares estadounidenses.

Puedes hacerte un cálculo: para fundarse una casa broker que esté regulada se requiere un deposito de 20 millones de dólares pero mensualmente la corredora moviliza más de 60.000 millones generando un ingente capital en comisiones una y otra vez que superan con creces ese capital. Verdaderamente ser una casa broker es un gran negocio.

Ellos cobraran su comisión cada vez que abras una operación independientemente del resultado de la operativa. De hecho nada más abrir la posición observarás en la gráfica que su comisión de spread ya ha sido descontada, de forma que en realidad cuando negocias una posición siempre empiezas con una pérdida cuyo valor es el spread que la corredora ya te ha descontado. Ahora continuemos. Calcula el apalancamiento adecuado para tu cuenta en base a esta tabla que te presento

:

| APALANCAMIENTO | % necesario para abrir una operación | $ requeridos para abrir una operación con lotes estándar | $ requeridos para abrir una operación con lotes mini |
|---|---|---|---|
| 25:1 | 4% | $ 4000 | $ 400 |
| 50:1 | 2% | $ 2000 | $ 200 |
| 100:1 | 1% | $ 1000 | $ 100 |
| 200:1 | 0.50% | $ 500 | $ 50 |
| 400:1 | 0.25% | $ 250 | $ 25 |

Pongamos un ejemplo:

Imagina que la cotización del par EUR/USD es de 1.1437 a primera hora del día y que a última hora de la mañana la cotización ha subido siendo ahora de 1,1467, es decir 0.0020 puntos más.

Tu análisis técnico te indicaba que existía mayor probabilidad de que el precio siguiera una tendencia alcista y por tanto entraste en "largos" en EUR/USD realizando una compra y acertaste.

Al negociar la entrada indicaste al broker que abriera la posición con 1 lote estándar =100.000 $.

Es decir que estas en largos con 100.000 $ invertidos en el par EUR/USD a 1,1437

Evidentemente tú no dispones de tanto dinero en tu cuenta de operaciones, pero te has apalancado en la corredora en base a 1:100 por ejemplo, por tanto la corredora solo te retendrá 1000 al abrir esa posición (pero te permitirá trabajar con 1000000). A cambio al abrir la operación la casa broker te cobra una pequeña comisión de 2 pips por la operación. (En nuestro caso como estas operando con un lote en EUR/USD el valor de 1 pip es de 10 $ por tanto eso significa 20 $ de comisión por spread).

A las 14 h la cotización en EUR/USD se ha incrementado en 0.0020 pips como operaste con 1 lote, la ganancia de ese diferencial en la cotización te supone 20 pips X 10$ cada pip = 200 $.

Ahora sólo te falta restar la comisión por spread para saber cuánto es lo que realmente has ganado en esta transacción. 200$ - 20$ =180$.

Por tanto 180$ es lo que va a sumarse a tu capital en la cuenta al tiempo que, al haber cerrado la operación, el margen retenido de 1000 (que garantizaba la operación apalancada) te será retornado a la cuenta y podrá volver a ser utilizado en otra operación posterior.

Si tu apalancamiento es menor, menores serán las ganancias, pero también debes tener en cuenta que no siempre estarás acertado en tu entrada, y que si la operativa te sale en contra y pierdes, cuanto menos apalancado estés, también será menos la pérdida sufrida.

Siendo conservadora no te recomiendo operar en una cuenta con un apalancamiento superior a 1:50. (Sólo en caso de cuentas con poco capital disponible podría estar justificado hasta 1:100, siempre con el fin de favorecer mayores retornos, eso sí, en ese caso se muy disciplinado con tu gestión de riesgo, manejo de capital y por su puesto: nunca, nunca, nunca, nunca y no me cansaré de repetirte: NUNCA olvides acotar tus operaciones con tu stops lose de seguridad, ya que una cuenta muy apalancada se puede ir a la quiebra muy rápido debido a la volatilidad del mercado si la operación te sale en contra y no puedes parar tus perdidas a tiempo.

### 3.4- Tipo de órdenes al mercado

Los tipos de órdenes en FOREX más básicos (al mercado, límite y stop-lose y take profit) son usualmente las que mayormente se utilizan y las únicas que probablemente ocuparás para operar en FOREX SPOT.

Los otros tipos de órdenes son utilizados por inversionistas más sofisticados o para seguir alguna estrategia en particular.

### 1.  Orden a Mercado (Market Order)

Una orden de mercado es una disposición que da el cliente al broker para que compre o venda un instrumento financiero en el momento en el que se ejecuta y al precio actual. El resultado de ejecución de esta orden es la conclusión de una transacción de compraventa. El precio de la transacción se determina por el tipo de ejecución que a su vez depende del tipo de instrumento. Generalmente, la compra se realiza por el precio de oferta (Ask), mientras que la venta por el precio de demanda (Bid).

Abrimos una orden tipo BUY cuando compramos por que esperamos que el precio  al que actualmente esté cotizando un par se incremente. En el argot financiero se dice que vamos largos, o somos "toros" ( alcistas) en la presión del mercado.

Abrimos una orden tipo SELL cuando vendemos por que esperamos que el precio  al que actualmente esté cotizando un par decrezca. En el argot financiero se dice que vamos cortos.  O somos "osos"(bajistas) en la presión del mercado

## 2.  Ordenes pendientes

La orden pendiente es una instrucción de apertura de una posición, a un precio diferente al precio actual. Cuando el precio actual del par de divisas alcanza el nivel de la orden, la orden se activa y se ejecuta.

### 2.1- Orden Stop  (Stop Order)

Fija una "barrera" y en cuanto el precio la toca se lanza la orden a mercado. Se suele utilizar en rupturas de soportes y resistencias. Aprovechar un movimiento fuerte y previsible.

- Buy Stop

    Orden de compra a un precio superior (precio "stop" o tope) al precio actual. La orden Buy Stop se ejecuta si el precio de venta ("Ask") cotizado en la plataforma es igual o superior al nivel ("stop" o tope) de la orden.

- Sell Stop

    Orden de venta, a un precio inferior (precio "stop" o tope) al precio actual. La orden Sell Stop se ejecuta si el precio de compra ("Bid") cotizado en la plataforma es igual o inferior al nivel ("stop" o tope) de la orden.

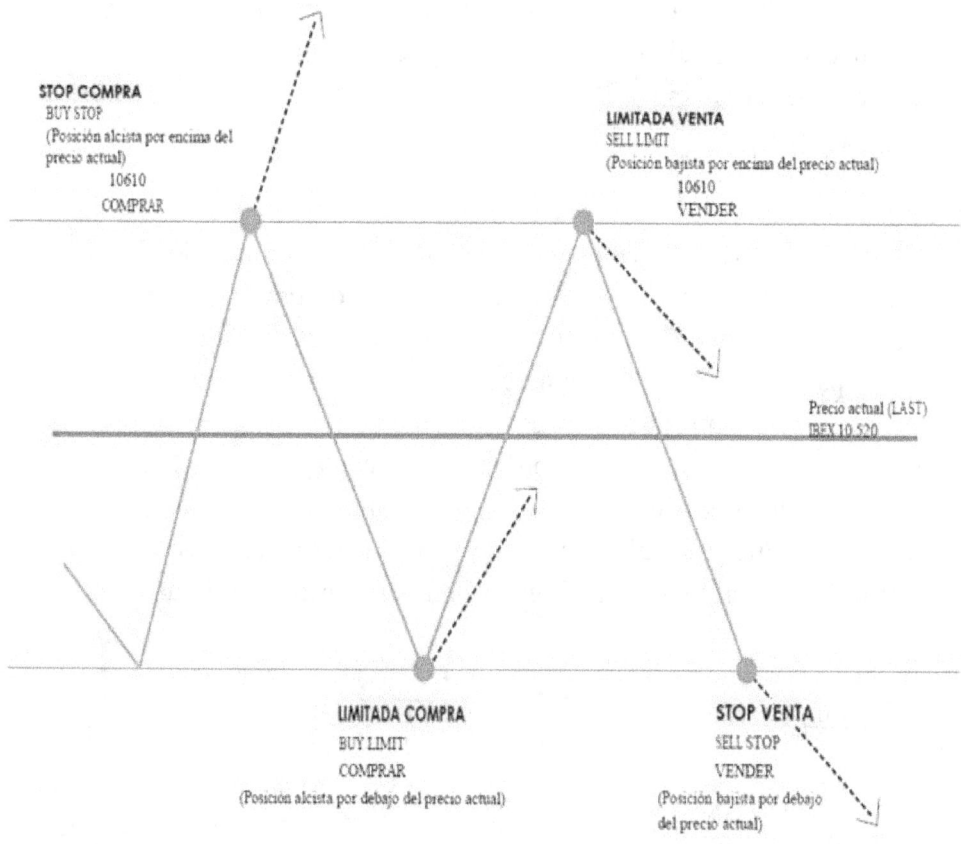

**STOP COMPRA**
BUY STOP
(Posición alcista por encima del
precio actual)
10610
COMPRAR

**LIMITADA VENTA**
SELL LIMIT
(Posición bajista por encima del precio actual)
10610
VENDER

Precio actual (LAST)
IBEX 10.520

**LIMITADA COMPRA**
BUY LIMIT
COMPRAR
(Posición alcista por debajo del precio actual)

**STOP VENTA**
SELL STOP
VENDER
(Posición bajista por debajo
del precio actual)

Ilustración cortesía Bigealacapital

## 2.2- **Orden** Limitada (Limit Order)

- <u>Buy Limit</u> ("Orden de Compra con Límite")

  Orden de compra, a un precio inferior (precio límite) al precio actual
  en el mercado; en otras palabras, a un precio mejor (más bajo) que el
  precio del mercado. La orden Buy Limit se ejecuta si el precio de
  venta cotizado en la plataforma es igual o inferior al nivel (límite) de

la orden. El precio de venta cotizado es equivalente al "Ask" (Demanda). Normalmente las órdenes de este tipo se colocan a la espera que el precio del símbolo al bajar hasta un cierto nivel, empiece a crecer.

Entran en el mercado para negociar a un precio determinado. Son las órdenes más comunes, y se usan para comprar o vender un instrumento cuando el precio sube/baja a un determinado nivel, es decir, para comprar por debajo del precio actual o vender por encima de éste). Si se introduce una orden limitada de compra a un precio superior al del mercado, la orden será ejecutada de inmediato al precio de la oferta en mercado (pues es un precio mejor para el comprador que aquél al que introdujo en la orden), convirtiéndose en una orden a mercado hasta el nivel fijado en la orden limitada.

- Sell Limit ("Orden de Venta con Límite")

Orden de venta, a un precio superior (precio límite) al precio actual; en otras palabras, a un precio mejor (más alto). La orden Sell Limit se ejecuta si el precio de compra cotizado en la plataforma es igual o superior al nivel (límite) de la orden. En este caso el nivel actual de precios es más bajo que el valor establecido en la orden. Normalmente las órdenes de este tipo se colocan a la espera que el precio del símbolo al subir hasta un cierto nivel, empiece a bajar;

## 3. Otros tipos de órdenes

Existen otro tipo de órdenes en FOREX no tan comunes, pero que están disponibles en la mayoría de los brokers.

- Trailing stop:

Con esta orden protegemos los beneficios con un stop que "sigue al precio", son muy adecuados para proteger el capital ganado en tendencias. Cualquiera que sea el precio de la cotización, se puede emplear la estrategia de utilizar stops móviles, lo que conlleva que nuestro precio de cierre de la posición se va moviendo en la misma dirección del mercado si este se mueve favorablemente. Para automatizar el desplazamiento de la orden Stop Loss tras el precio, se puede utilizar la herramienta Trailing Stop.

- Take Profit:

La orden Take Profit sirve para obtener beneficios cuando el precio del instrumento financiero haya alcanzado el nivel estimado. La ejecución de esta orden lleva al cierre completo de la posición. Siempre está relacionada con una posición abierta o una orden pendiente. Esta orden se puede colocar sólo junto con una orden de mercado o pendiente.

- Stop Loss:

Esta orden sirve para minimizar las pérdidas en caso si el precio del instrumento financiero empieza a moverse en la dirección contraria a la esperada. Si el precio del símbolo alcanza este nivel, la posición se cierra automáticamente. Esta orden siempre está relacionada con una posición abierta o una orden pendiente. Se coloca sólo junto con una orden de mercado o pendiente.

Los niveles Take Profit y Stop Loss se colocan para la posición respecto a la última orden (de mercado o pendiente que ha sido accionada). Es decir, en cada nueva orden de la misma posición los niveles Stop reemplazan los anteriores.

4. GTC (Good 'til canceled):

Válida hasta su cancelación. Una orden tipo GTC permanecerá activa en el mercado hasta que uno decida cancelarla. El corredor no podrá cancelar la orden en ningún momento. Es responsabilidad de uno acordarte que se tiene una orden de este tipo.

5. GFD (Good for the day).

Válida por un día. Una orden de este tipo permanecerá activa hasta el final del día actual. Como el mercado Forex opera las 24 horas, esto significa generalmente que a las 5pm EST, cuando el mercado en Estados Unidos cierra, se cancelarán este tipo de órdenes. Sin embargo esto puede variar de broker en broker.

6. OCO (Order cancels other).

Una orden cancela la otra .Una orden de este tipo es una mezcla de dos órdenes de tipo límite y stop loss.

Si una se ejecuta, la otra se cancelará automáticamente.

Ejemplo: El precio de EUR/USD está en 1.2040. Usted desea ya sea comprar a 1.2095 o comprar a 1.1985. En este caso, si la orden ejecuta la compra en 1.2095, la orden de vender en 1.1985 se cancelará automáticamente.

Emitir estas órdenes en las diferentes plataformas es sencillo, incluso las más actuales facilitan la labor permitiendo implementarlas en la misma gráfica del precio, a través de la herramienta de profundidad del mercado, a través de negociación directa en la pantalla o a través de su sección de ejecución de operaciones. Te lo ilustro con las siguientes imágenes.

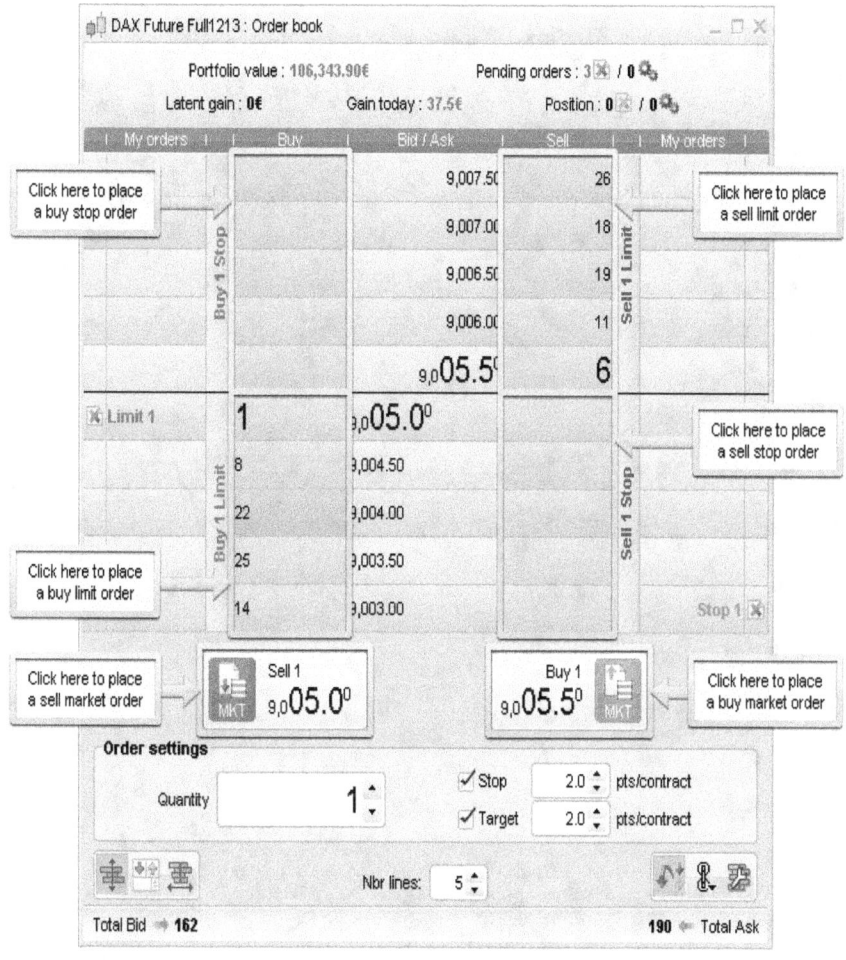

Ejecución en la herramienta profundidad del mercado nivel II. Cortesía Prorealtime

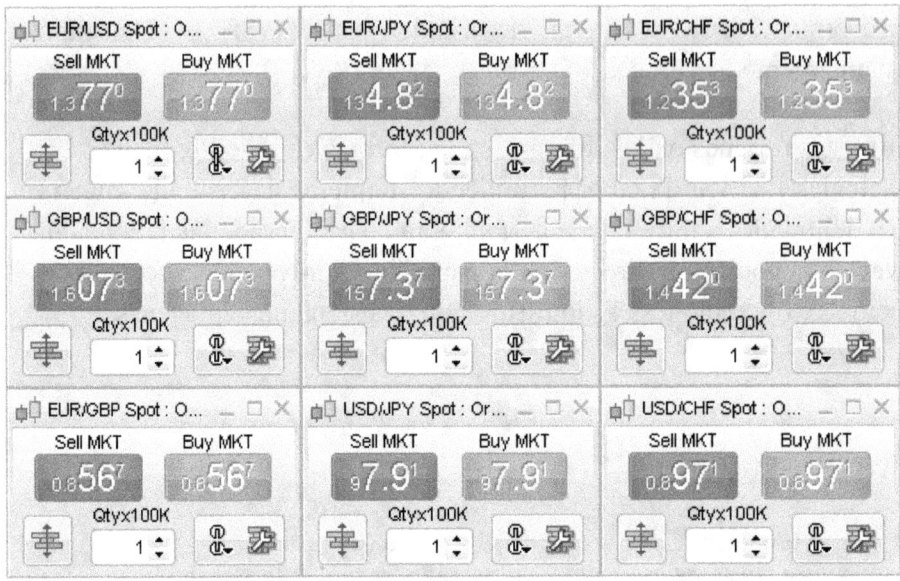

Ejecución rápida directa en pantalla. Cortesía Prorealtime

## NOTA DE LA AUTORA

Si estás aquí leyendo esta nota  y has adquirido este libro es porque realmente deseas  aprender a operar en FOREX con garantías de convertirte en un trader exitoso y consistente  y sabes que con acudir a internet a saciar la curiosidad no basta.

Has iniciado este camino,  con ilusión y perseverancia, esperabas soluciones rápidas  y  no las encuentras tan fácilmente como quisieras. O las que encuentras no te sirven como te gustaría.

Yo te digo que se puede operar de forma consistente en los mercados y lucrarse con ello, ¡¡Aún siendo un trader retail!!

**Créeme: ¡¡Se hace todos los días!!**

Pero que si quieres realmente  ser consistente en el trading y vivir bien de ello, el camino fácil no existe… necesitas perseverancia y aprendizaje.

Te pido un pequeño esfuerzo más:

Te invito a seguir profundizando en este maravilloso mundo de FOREX, completando la formación que  te presento en  la serie de "Forex al alcance de todos" a lo largo de los  volúmenes editados  y  los que te iré presentando.

Es una pequeña inversión  en relación a  un futuro  muy brillante… y exitoso como trader… y merece la pena.

Te comento que no quise hacer un libro comercial para lucirme hablando simplemente de FOREX, ni alimentar mi ego, no me hace falta ni busco eso, pues yo no inventé nada que no estuviera ya inventado (sólo le doy orden y sentido).

Tampoco con el fin de hacerme rica con ello, (aunque quizás puedas pensar que quiero enriquecerme con su venta) de hecho puedes incluso leerlo integro en algunas plataformas por muy escaso dinero o gratis en su mayor parte).

Habrás observado que mis libros tienen precios populares y no realmente el precio que quizás le correspondería a un volumen, una serie completa o un compendio por el tiempo y la dedicación que conlleva en su elaboración. (Prácticamente el coste de cada volumen es para cubrir los gastos de edición.).

He invertido experiencia, conocimiento y tiempo en la elaboración de estos manuales, realmente me hubiera resultado más rentable utilizar ese tiempo en operar en los mercados pero sinceramente tengo interés en que conozcas este mundo tan apasionante y lucrativo y tu también puedas beneficiarte de él sin que te cueste un "ojo" de la cara y sin que te engañen en el proceso.

Entonces ¿Por que no lo distribuyo gratis?

Muy sencillo, la vida me ha demostrado que la mayoría de las cosas que recibimos gratis o sin apenas esfuerzo no le damos el valor que merece…ni las aprovechamos por igual… porque nosotros mismos le restamos valor al no habernos costado esfuerzo el conseguirlas. Por otra parte valoro mi tiempo. Creo que su precio es justo, al alcance de casi todo el mundo, probablemente menos de lo que te costaría un menú en cualquier restaurante.

En realidad hice estos manuales por mis hijos, pues en este mundo cambiante y en crisis me gustaría que pudieran tener una herramienta que les enseñe una profesión apasionante y muy rentable… si quieren tomarla. También por mis amigos, que deslumbrados por el agresivo marketing comercial de la industria del FOREX se acercan al mercado oyendo cantos de sirena que les llevan a profundos abismos sin saber realmente ni por donde empezar.

Por las personas que me han seguido en mi trayectoria, en las redes, webs y blogs… (Algunos me pidieron que condensara los conocimientos que había adquirido a fin de que también ellos pudieran beneficiarse de ellos y eso hice).

Y por supuesto, también por ti, pues aunque quizás no te conozca, te deseo la mejor de las suertes en este mundo del FOREX, pues se que puedes llegar muy lejos -tanto financieramente como a nivel profesional- si realmente te lo propones y no tendrás que seguir trabajando para terceros que se enriquezcan con tu esfuerzo, sino que trabajarás para ti.

Mi intención ha sido crear un libro que te inicie en el apasionantes mundo del forex, y que tendrá continuación con otros títulos que he editado y en conjunto conforman uno de los manuales más completos que puedas encontrar a día de hoy sobre FOREX en el mercado, pero que acerque en lenguaje sencillo a la gente con el fin que puedan participar de los mercados financieros sin temor, y sin dudas.

Una herramienta que les abra los ojos a la realidad del negocio para que no pierdan por desinformación (o lo que es peor aún, por la manipulación de los medios) todo su dinero en el intento de probar suerte en los mercados y sobre todo les dé la oportunidad de adquirir hartos conocimientos y la sobrada destreza para rentabilizar una actividad altamente lucrativa como es el FOREX

No te contentes con quedarte a mitad de camino en tu formación.

Este título, junto a la serie Forex al alcance de todos II y III de Isabel Nogales conforman, con diferencia, manual teórico práctico más completo y cercano al lector para la formación del trader profesional en el mercado de capitales FOREX .

A través de un lenguaje sencillo y coloquial te acerca al mundo de la especulación e inversión financiera y profundiza en el intercambio de moneda extranjera.

Una herramienta imprescindible en la formación de cualquiera que desee dedicarse al mercado de capitales como operador desde el desconocimiento hasta su formación como trader profesionalizado.

Fdo.

Isabel Nogales Naharro

---

En este punto  finaliza este libro,  que representa el cuerpo de contenido teórico de  la colección "Forex al Alcance de Todos" y que también se comercializa bajo el título de "FOREX para principiantes".

Este libro tiene continuación en **"Forex al alcance de Todos" - Volumen II** de Isabel Nogales  que representa el cuerpo de contenido técnico el cual te recomiendo  que adquieras  para continuar con una formación completa y concisa  que te permitirá catapultarte al éxito como trader.

Esta serie educativa sobre FOREX  finaliza con **"Forex al alcance de todos - Volumen III** , que completa de forma extensa el cuerpo de contenido práctico de la obra, su aplicación y desarrollo paso a paso, con ejemplos desarrollados , implementación de estrategias rentables, ejecución de sistemas,  y miles de herramientas más: Este último es  un  Manual completo  para ejercer la practica del trading que sirve además  de introducción a sistemas operativos  de trading avanzado .

 Los tres volúmenes se comercializan por separado  debido principalmente a la gran extensión y volumen de su contenido (similar a un compendio).

Ello lejos de ser un inconveniente se ha convertido en una ventaja, pues permite al lector  la adquisición de cada uno de los cuerpos por separado.

Los tres ebooks en formato digital tienen su igual en formato impreso.

Para aquellos que deseen  tener compendiado todo el contenido de esta serie en un único volumen, lo podrán encontrar en  formato impreso en el libro **"Todo sobre FOREX: teoría y Práctica"** de la serie Forex al alcance de todos de Isabel Nogales

Lo encontrarás comercializado tanto en versión impresa como digital. en grandes librerías internacionales on-line y canales expandidos de distribución. Si deseas más información sobre el tema puedes encontrarla en la web monográfica de FOREX www.comercialforex.com.es o en la web oficial de la autora www.isabelnogales.net

# Bibliografía

- *Blanchard, Olivier. Macroeconomía. Prentice-Hall.*

- *Mandelbrot, Benoit y Richard L. Hudson (2004). The (mis)Behavior of Markets, New York.*

- *The anatomy of the global FX market through the lens of the 2013 Triennial Survey, Bank for International Settlements.*

- *Zuckoff, Mitchell. Ponzi's Scheme: The True Story of a Financial Legend. Random House: New York, 2005.*

- *History of Retail Forex. Forex Capital Trading. Forex Capital Trading Ltd. 2009.*

- *Pulliam Phillips, Patricia; Phillips, Jack J. (2006). Return on Investment (ROI) Basics (en inglés). American Society for Training and Development.*

- *Tomás V. García-Purriños García .Psicología y emociones en el Trading. La esperanza.*

- *Myers. Myers Social Psychology, sexta edición (1999).*

- *Van Horne, James, et al. Apalancamiento de operación y financiero.*

- *Brun, Xavier; Elvira, Oscar; Puig, Xavier. Mercado de renta variable y mercado de divisas.*

- *Regulatory Issues Raised by the Impact of Technological Changes on Market Integrity and Efficiency», IOSCO Technical Committee, Julio de 2011*

- *Lauricella, Tom, and McKay, Peter A. "Dow Takes a Harrowing 1,010.14-Point Trip," Online Wall Street Journal, 7 de mayo de 2010.*

- *Padial, Juan. "Factores que afectan al tipo de cambio entre divisas"*

- *James F. Dalton. "Market in Profile"*

- *Ashraf Laidi " Currency Trading and Intermarket Analysis"*

- *Come into my trading room" Alexander Elder*

- *http://lexicon.ft.com*

- *http://financial-dictionary.thefreedictionary.com*

- *https://es.wikipedia.org*

# Autores citados

[i] Ruben Vilena

[ii] *Beltrán Llera, J.*

[iii] *Isabel Nogales*

[iv] Stenbauer

[v] *Alexander Elder*

[vi] *Carpatos, J.L.*

[vii] *Mark Twain*

[viii] *Myers*

[ix] *Fco José Serrano*

[x] *Larry Kersten*

www.ingramcontent.com/pod-product-compliance
Lightning Source LLC
Chambersburg PA
CBHW080800180526
45168CB00006B/2273